INTRODUCCIÓN A LOS ESTUDIOS DE TRADUCCIÓN

TRADUCCIÓN

Lucía V. Aranda

University Press of America,® Inc.
Lanham · Boulder · New York · Toronto · Plymouth, UK

Copyright © 2016 by
University Press of America,® Inc.
4501 Forbes Boulevard
Suite 200
Lanham, Maryland 20706
UPA Acquisitions Department (301) 459-3366

Unit A, Whitacre Mews, 26-34 Stannary Street,
London SE11 4AB, United Kingdom

All rights reserved
Printed in the United States of America
British Library Cataloging in Publication Information Available

Library of Congress Control Number: 2015957294
ISBN: 978-0-7618-6714-2 (paperback : alk. paper)
eISBN: 978-0-7618-6715-9

♾™ The paper used in this publication meets the minimum
requirements of American National Standard for Information
Sciences—Permanence of Paper for Printed Library Materials,
ANSI Z39.48-1992

Para mis padres,
Lucía Oller y José Luis Aranda,
con todo mi amor

TABLA DE CONTENIDOS

PREFACIO

Este libro empezó como una versión en español de *Handbook of Spanish-English Translation* (University Press of America, 2007) pero en el proceso de la traducción, el proyecto se fue ampliando para incluir más información. Ha sido especialmente grato poder incorporar ejemplos de más allá del mundo occidental y aportar ejemplos posibles de distintos comportamientos traductológicos.

Desde que salió la versión en inglés de este libro, los estudios de traducción han crecido de forma asombrosa: hay cada vez más programas de traducción e interpretación en centros universitarios y ya no es difícil encontrar congresos sobre traducción o interpretación. Este interés académico va en paralelo con un crecimiento acelerado de la profesión: el Departamento de Trabajo de EE. UU. ha vaticinado un crecimiento de un 46% de la profesión entre 2012 y 2022.

En el primer capítulo, se introducen los temas principales de los estudios de traducción, tales como los significados de equivalencia, la cuestión del texto "original" o la reputación de la traducción en la enseñanza de idiomas. En el capítulo segundo, se presenta una breve panorámica de la evolución de los estudios de traducción. En este apartado destacamos la importancia de algunos traductores e intérpretes, cuyo papel ha sido de especial relevancia para la historia, sin olvidarnos de otros que han contribuido con sus escritos a explicar su teoría o enfoque sobre la traducción.

En el tercer capítulo hay ejemplos tanto de Occidente como de Oriente que sirven para mostrar el papel que ha tenido la traducción a la hora de configurar e influir en la cultura, la historia y la literatura. El cuatro capítulo trata de diferentes técnicas y estrategias de traducción como domesticación o extranjerización. En el quinto capítulo se introducen la interpretación, los distintos tipos de esta y la traducción audiovisual. En el sexto y último capítulo, se habla sobre el proceso específico de traducción, como las tomas de decisión, cuestiones de registro o idiolectos y se presenta también una comparación de elementos lingüísticos y culturales ingleses y españoles.

AGRADECIMIENTOS

Hay mucha gente a quien le quiero dar las gracias por su ayuda con este libro. En primer lugar quisiera agradecer a mis alumnos de la Universidad de Hawai'i la paciencia y el cariño con el que han abordado conmigo el estudio de la traducción. En segundo lugar, me gustaría agradecer el apoyo de todos mis colegas del Departamento de Español que me han escuchado y alentado a través de los años, especialmente Joy Logan, Paul Chandler y Marta González Lloret. De la Universidad de Hawai'i también quiero agradecer las becas que he recibido en diferentes momentos que me han permitido sentarme a escribir o a asistir a conferencias.

Mi sincero agradecimiento a Holly Buchanan por su ayuda editorial y a los siguientes autores y editores: Mildred L. Larson (1998) *Meaning-Based Translation. A Guide to Cross-Linguistic Equivalence*, Lamham: University Press of America; Peter Newmark (1991) *About Translation*, Clevedon: Multilingual Matters; Eugene A. Nida y Charles R. Taber (1969) *The Theory and Practice of Translation*, Leiden: E. J. Brill; y Gideon Toury (2012) *Descriptive Translation Studies–and beyond. Revised edition*, Amsterdam and Philadelphia: John Benjamins.

Aprovecho esta oportunidad para darles las gracias a Pilar, Amalia, Concha, Laura, Meme y demás amigos y compañeros con los que he hablado tanto de este proyecto y a Camila, Cara, Nicolás, Ana y Carlota que siempre me aguantan con una sonrisa. Por último, quiero agradecerle a Tim su paciencia, ayuda y apoyo incondicionales.

CAPÍTULO 1

Cuestiones sobre traducción

A los traductores se les ha denominado escritores, reescritores, autores de textos traducidos, imitadores e incluso dobles técnicos y, a pesar de que pueden registrar los derechos de sus traducciones en algunos países, su estatus permanece ambiguo y pasan desapercibidos en gran parte del globo.[1] El debate sobre la autoría gira en torno a la idea de si una traducción es una copia de un original o si conforma un original en otra lengua. ¿Qué es un original? Escritores como Octavio Paz o Jorge Luis Borges, por ejemplo, no consideran que los escritores sean los creadores de ideas originales, sino que se van apropiando y aprovechado de trabajos previos. Para Paz (1971):

> Cada texto es único y, simultáneamente, es la traducción de otro texto. Ningún texto es enteramente original porque el lenguaje mismo, en su esencia, es ya una traducción: primero, del mundo no verbal y, después, porque cada signo y cada frase es la traducción de otro signo y de otra frase. Pero ese razonamiento puede invertirse sin perder validez: todos los textos son originales, porque cada traducción es distinta. Cada traducción

es, hasta cierto punto, una invención y así constituye un texto único.

Venuti (1998: 43) se extiende en esta idea afirmando:

> Translation can be considered a form of authorship, but an authorship now redefined as derivative, not self-originating. Authorship is not sui generis; writing depends on pre-existing cultural materials, selected by the author, arranged in an order of priority, and rewritten (or elaborated) according to specific values.

Si bien es verdad que traducir es, como lo define el diccionario de la Real Academia Española de la Lengua: «expresar en una lengua lo que está escrito o se ha expresado antes en otra», esta es una tarea que va más allá de un ejercicio meramente lingüístico. La traducción, transferencia de un mensaje de una lengua a otra (el trasvase oral de un mensaje hablado se denomina interpretación), desafía la definición a causa de las múltiples variantes implicadas en el proceso. Como bien dice Robinson (2000: 6), la traducción supone «different things for different people. For people that are not translators, it is primarily a text; for people who are, it is primarily an activity». Traducir conlleva conocimientos amplios y atención a múltiples factores (lengua, estilística, cultura, convenciones, etcétera) y está relacionado con un sinnúmero de campos (historia, lingüística, literatura, política, etcétera).

La reputación de la traducción ha sido muy desigual, como método en el aprendizaje de segundas lenguas, como puente cultural e incluso en el mundo literario. Reinó suprema en el aprendizaje de idiomas hasta el siglo XIX cuando los estudios punteros europeos del momento rechazaron el excesivo hincapié que se le daba a la lectura y la escritura. Los primeros detractores pertenecían al Movimiento de Reforma compuesto por profesores y lingüistas, tales como Viëtor en Alemania, Sweet en Inglaterra, Jespersen en Dinamarca y Passy en Francia que cuestionaron el método gramática-traducción (como se llegaría a denominar) y acabaron rechazando el uso de la traducción en el aprendizaje de idiomas. De hecho, sospechoso de promocionar interferencia, transferencia negativa de la lengua materna en el estudiante y fosilización, la traducción dejó de ser objeto de estudio (Cook 2010: 88), ignorado, como si de un fenómeno histórico se tratara (Cook 2010: 20-1). Sin embargo, en muchas otras partes del mundo la traducción nunca dejó de utilizarse en el aula; véase Corea, Rusia, Japón o China. Aunque estudiosos del calibre de Krashen (2009) afirmaran que el método gramática-traducción no llevaba a la competencia, otros no dejaban de recordarnos que la traducción podía ser de gran utilidad en la adquisición de elementos léxicos, en la comprensión (Cordero 1984: 350) y en la claridad y flexibilidad con la que se aprenden las lenguas (Duff 1981: 7). El desprestigio de la traducción viene en gran medida por su ineficacia y uso excesivo en el aula (Stoitchkov 2006) pero, a medida que se vuelve a evaluar y estudiar en serio su utilidad como herramienta no solo en el aula sino también en los mercados económicos internacionales, va quedando claro la necesidad de reevaluar las críticas hacia la traducción. De la mano del enfoque cultural en el mundo académico, la actitud negativa hacia el uso de la traducción en el aula ha cambio radicalmente, tanto que múltiples universidades van creando diplomas en traducción e interpretación (Aranda 2013).

En 2007, la Modern Language Association (MLA) instó a las universidades estadounidenses a que desarrollaran programas de traducción e interpretación apoyándose en dos razonamientos: en primer lugar, impulsado por la creciente demanda de traductores e intérpretes en los mercados nacionales e internacionales y, en segundo lugar, al haber llegado la asociación a la conclusión de que la traducción, en el currículo de idiomas, es el contexto ideal para desarrollar habilidades translingüísticas y transculturales: «There is a great unmet demand for educated translators and interpreters, and translation is an ideal context for developing translingual and transcultural abilities as an organizing principle of the language curriculum» (MLA 2007).

El elemento más tangible de una traducción, el texto, consta no solo de palabras y contenido sino también de significado, alusiones, formas y funciones, y todas ellas deben reproducirse con sumo cuidado en la otra lengua—en definitiva, un reto titánico. Benjamin (2003: 21) compararía las traducciones con jarrones rotos: «Fragments of a vessel which are to be glued together must match one another in the smallest details, although they need not be like one another». Sayers Peden (1989: 13) describió el proceso de traducción como el de un cubito de hielo que se derrite para formar otro cubito de hielo pero diferente y Rabassa utilizó la metáfora de los copos de nieve que nunca son iguales, de la misma forma que «no two metaphors are alike regardless of similarity» (Rabassa 1989: 2). En cualquier caso, no hay duda que: «Anything that can be said in one language can be said in another, unless the form is an essential element of the message» (Nida y Taber 1969: 4). Sin embargo, no es una labor fácil: los traductores deben a menudo decidir su fidelidad o compromiso con la forma (especialmente difícil si el texto es un poema, con rimas, juegos de palabras, etcétera), el contenido o la función de un texto. Hay casos extremos como el del traductor búlgaro del *Triodio cuaresmal*, Constantino de Preslav, que se dice vio tan difícil la traducción de un himno acróstico en griego que optó por no traducirlo para no "mutilarlo" y escribió uno completamente nuevo en búlgaro.

El hecho de que los textos traducidos sean por regla general más largos que el original indica la imprecisión de la transferencia lingüística y la centralidad del proceso de toma de decisiones de los traductores que puede llegar a coartar o comprometer no solo el texto meta (TM) sino la integridad del texto origen (TO) o de partida (TP). Las tomas de decisiones se dan a gran y pequeña escala y deciden desde la estrategia traductológica del texto entero (Wilss 2003: 57-60), a la elección de una palabra determinada. Las diferentes versiones que existen de ciertos textos, especialmente de los más famosos y conocidos, como por ejemplo "A su retrato" escrito por Sor Juana Inés de la Cruz, "Rima XXI" de Gustavo Adolfo Bécquer o *Alicia en el país de las maravillas* (traducido a más de 60 idiomas y con múltiples versiones en muchos de estos), atestiguan cuánta variedad puede haber cuando se trata de tomar decisiones en traducción.

Rabassa lo explica con suma claridad: «the process of translation is one of choice» (1989: 7).

Un interesante estudio que muestra la toma de decisiones en traducción es de López Guix, uno de los traductores más recientes de *Alice's Adventures in Wonderland* de Lewis Carroll a castellano.[2] López Guix nos abre una ventana al proceso de traducción al comentar su propio proceso de toma de decisiones y su entendimiento de la obra dentro de su contexto histórico y traductológico. Por ejemplo, es interesante seguir el razonamiento que lo lleva a no utilizar la palabra *Dios*, incluso cuando esa sería la mejor opción en castellano (*¡Dios mío¡* para *Oh dear!*) (López Guix 2011). Según nos explica el traductor, esta decisión surge de la intención del propio Lewis Carroll de crear una obra absurda, pero lejos de la moralización de tantas obras de la era victoriana que utilizaban palabras religiosas de forma superflua: a lo largo de la obra Lewis Carroll no usa ni *God* ni *bishop*, ni siquiera en referencia al ajedrez. En su análisis, López Guix también comenta la problemática de los juegos de palabras enumerando las tres opciones más comúnmente utilizadas por traductores anteriores de "*I had not!*" *cried the Mouse. . . "A knot,"* *said Alice. . .* ": 1) la omisión, 2) el uso de la homofonía en castellano que lleva a jugar con *nudo* y *dudo* y 3) «El tercer tipo de solución consiste en convertir el juego con el sonido, introduciendo una frase que permita un uso literal y figurado de la palabra *nudo*» (López Guix 2011, 169-170), opción por la que opta.

Mientras que los estudios de traducción hoy en día investigan temas como la formación de cánones literarios (por ejemplo, las consecuencias literarias e históricas de que un gran número de clásicos occidentales en India son traducciones indirectas; es decir, realizadas no del original sino a partir de una traducción intermediaria o de relevo); cuestiones de género (por ejemplo, las diferentes estrategias traductológicas de mujeres y hombres o cómo se puede minimizar o llevar a cabo la especificación de género según la pareja de idiomas que se trate); o cuestiones poscoloniales (por ejemplo, el imperialismo lingüístico surgido a partir de traducciones en la lengua colonial), la cuestión de la equivalencia ha sido central en los estudios de traducción y fue así especialmente en la década de los 50 y de los 60. También denominada fidelidad, lealtad, exactitud, semejanza o correspondencia, no cabe duda de que la equivalencia sigue siendo un ideal en la traducción, obstaculizado además por la complejidad de su definición. La dificultad yace en medir la noción de equivalencia. ¿Se alcanza la equivalencia a través de la correspondencia formal (por ejemplo, en un plano lingüístico) o a través de una correspondencia funcional (por ejemplo, según características extralingüísticas)? ¿Qué se hace con las características obligatorias de las lenguas o con la ausencia de elementos léxicos o de ciertos conceptos? ¿Cómo se miden las características lingüísticas contra las sociales? ¿Se adquiere la equivalencia al producir en el público el mismo efecto que tuvo en los lectores originales o al imitar todo ápice del original incluso bajo el riesgo de que el lector no entienda las referencias, alusiones o expresiones lingüísticas? ¿Es la equivalencia el reescribir un texto para un público meta que nunca se dará cuenta que está leyendo una traducción (por ejemplo, bajo la ilusión de la transparencia, Venuti 1995: 1), o es la equivalencia una traducción extremadamente cercana al original, tan cercana que el lector puede "ver" el texto original? Se cree que donde existe más posibilidad de interpretación, es más imperativo y menos difícil alcanzar un grado de equivalencia concreto. En poesía, publicidad, juegos de palabras, proverbios, ironías o chistes, que se sustentan en las connotaciones, la equivalencia parece menos factible y más compleja ya que explotan características del lenguaje que son difícilmente traducibles. Por otro lado, ¿por qué intentar cualquier grado de equivalencia con el original? Los malayos, por ejemplo, tienen una larga tradición de abordar una traducción con completa libertad; no consideran el original con el "respeto" que se le tiene en occidente ya que su propósito es lograr textos accesibles a su cultura (Jedanski 2005: 213-214). Berman considera que esta es una noción que ha de evitarse ya que «to play with 'equivalence' is to attack the discourse of the foreign work» (Berman 2003: 295). Y como explica Bellos (2011: 278) «Translation between languages cannot preserve reference (what a sentence is about), self-reference (what a sentence says about itself) and truth-value (whether the sentence is right or wrong) at the same time». De hecho, ¿es la equivalencia un éxito?

La *Charte du traducteur*, redactada por la FIT (*Fédération Internationale des Traducteurs*) y adoptada por la UNESCO en Nairobi en 1976 (FIT 1994) establece que «Every translation shall be faithful and render exactly the idea and form of the original—this fidelity constituting both a moral and legal obligation for the translator». El Acta de los Traductores detalla y aclara esta idea de fidelidad: «A faithful translation, however, should not be confused with a literal translation, the fidelity of a translation not excluding an adaptation to make the form, the atmosphere and deeper meaning of the work felt in another language and country».

Cabría preguntarse hasta qué punto es posible la traducción. Desde los albores de esta práctica y desde Occidente a Oriente, la teoría de la traducción ha considerado que el equilibrio entre las traducciones libres y literales es la estrategia de traducción óptima. Si la traducción es una transferencia de significado con un cambio de forma, el fin último del traductor—en al mayoría de los casos—es producir una traducción idiomática, una que «does not sound like a translation» (Larson 1998: 18-19).

Gráfico 1.1 (Larson 1998: 19)

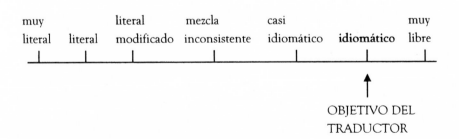

muy literal	literal	literal modificado	mezcla inconsistente	casi idiomático	**idiomático**	muy libre

↑
OBJETIVO DEL
TRADUCTOR

Sin embargo, va cobrando cada vez más adeptos la idea de que el original debe vislumbrarse de alguna forma en la versión traducida.

A la hora de traducir hay un número de factores de suma importancia que ayudan a determinar cómo se llevará a cabo la traducción y la toma de decisiones que abordará el traductor. Uno es el contexto del texto; es decir, determinar el autor y la época en la que se escribió el texto. Otro es tener en cuenta la audiencia a la que va destinada un texto. Y el último es definir el tipo de texto que se está traduciendo. Considerar factores como el contexto y el tipo de texto o cuestiones de autor o época son esenciales para determinar un proyecto de traducción.[3]

Existen muchas tipologías textuales:[4] textos expresivos (como poemas, novelas, obras de teatro), en los que la estética es la característica más destacada (Reiss 1989 o Newmark 1982); textos informativos (periódicos, instrucciones, literatura científica y técnica), donde la exactitud de la información es más importante (los textos informativos son supuestamente más fáciles de traducir una vez que se maneja el léxico); y textos vocativos u operativos, que persiguen una reacción del lector (estos incluyen textos de tipo religioso o político en los que el traductor debe intentar imitar la apelación y ajustarse a la realidad de cada caso). La versión del *Padre Nuestro* en el extremo norte del continente americano es un ejemplo de este último tipo ya que decir «Danos hoy nuestro pan» carece de sentido dado el frío extremo que imposibilita el cultivo de granos. La bula papal por la que se permite decir «Danos hoy nuestro pescado» muestra cómo una traducción ha de tener en cuenta más de un aspecto.[5] Los textos multimedia (Reiss y Vermeer 1984), son aquellos complementados por otros medios, como las canciones o los cómics.

Clave en el proceso de traducción es la unidad de traducción: «the smallest segment of the utterance whose signs are linked in such a way that they should not be translated individually» (Vinay y Darbelnet 1995: 21). Cuanta más experiencia tenga el traductor, mayor será la unidad de traducción (incluso el texto completo). Los traductores con menos experiencia, por otro lado, eligen unidades más pequeñas de traducción, especialmente a nivel semántico o lingüístico.

Se sabe que los traductores trabajan de forma óptima desde la lengua que han aprendido (o la menos fuerte) hacia la lengua propiamente nativa o más fuerte. Sin embargo, la direccionalidad en traducción también se puede determinar por la situación de las lenguas y de los traductores en un momento dado.[6] Algunos términos básicos en traducción son:

TO el texto fuente, de origen o de partida
LO la lengua fuente o lengua origen
TM el texto meta o la traducción
LM la lengua meta o lengua de la traducción
LA la lengua que se conoce mejor; normalmente, la lengua materna en la que el traductor tiene una competencia nativa y hacia la que debe traducir óptimamente
LB la lengua en la que se tiene una competencia nativa o casi nativa y desde la que los traductores trabajan normalmente (rara vez traducen hacia ella)
LC la lengua en la que la persona tiene una competencia pasiva, inferior a su lengua B, pero suficiente como para poder traducir desde ella.

---

1. Sección II del *Charte du traducteurs* de la Federación Internacional de Traductores (1994: 16) hace referencia a los derechos de los traductores y establece que: «15. El traductor es, por consiguiente, el titular de los derechos de la traducción y, por tanto, tiene los mismos privilegios que el autor de la obra original. 16. El traductor deberá, en consecuencia, disfrutar en referencia a la traducción, de todos los derechos morales de sucesión que se deriven de la autoría» (De ahora en adelante, las traducciones son propias a no ser que se indique lo contrario.)
2. Según López Guix (2011), existen más de 40 versiones de *Las aventuras de Alicia en el país de las maravillas* en español.
3. De acuerdo con Levine (1991: 7), la traducción expone los subtextos de un texto (la versión implícita o inconsciente), que «may be as important as what it articulates».
4. Aunque esto parezca fácil, no todos los textos se delimitan a un género o tipo de específico.

5. «Eskimos Have Their Own Version of Lord's Prayer» *Milwaukee Journal*, 4 de agosto de 1947.

6. En tanto en cuanto en inglés no se especifica comúnmente la direccionalidad de la traducción, en español, italiano, portugués, árabe o chino se usa el término *traducción directa* para indicar que la traducción se realiza a la LA de la persona. La *traducción inversa*, también llamada traducción prosaica o de servicio, es una traducción desde la lengua A del sujeto a la lengua B.

CAPÍTULO 2

Historia de los estudios de traducción

Desde la primera traducción comentada a manos de Cicerón en el año 46 a. C. hasta la década de 1950, los escritos sobre traducción se han encargado de fijar qué constituye una "buena" traducción y, paralelamente, de debatir sobre la traducción literal en contraposición con la traducción libre. En el siglo XX, los acercamientos a la traducción se orientaron más a lo lingüístico y se centraron en las equivalencias. Allá por la década de los 70, las teorías de traducción se encaminaron hacia la funcionalidad y la comunicación, y se diferenciaron los tipos de texto y sus objetivos. En la década de los 80, el análisis discursivo y los factores socioculturales y de registro empezaron a dominar el ámbito teórico. En la década de los 90 y a principios del siglo XXI se percibió el constante aumento de los estudios de traducción como disciplina académica, ya que fue paralelo al crecimiento de los estudios culturales. Un estudio cronológico del oficio de la traducción se convierte en una ventana a la historia cultural del mundo y expone el papel del traductor como herramienta fundamental que construye puentes entre culturas y expande la literatura. Sin duda, una vista a la evolución de los estudios de traducción sirve de lente de los procesos culturales que han acaecido a lo largo de la historia y nos cuenta las relaciones entre unos y otros y cómo estas se han desarrollado y resuelto.

Antes del siglo XX

Los primeros escritores occidentales en dejar constancia de su acercamiento a la traducción son Cicerón y Horacio. Ambos formaban parte de la tradición romana de usar el ejercicio de traducción como medio de expandir el dominio literario al traducir al latín los trabajos griegos, que eran los favoritos localmente. Estos dos hombres ejercieron una enorme influencia en las estrategias de traducción durante cientos de años por preferir lo que ellos llamaban una traducción que abogaba por el sentido en contraste con una traducción más literal o palabra por palabra. Marco Tulio Cicerón (106-43 a. C.) fue un escritor, político, abogado y traductor romano, cuya obra *De optimo genere oratorum* (46 a. C.) expone su acercamiento a la traducción. En esta introducción a una de sus propias traducciones, Cicerón explica que evita la tradición latina predominante de la época de realizar traducciones palabra por palabra junto al original griego al preferir un «lenguaje que se conforme a nuestro uso» porque afirma «si traduzco palabra por palabra, el resultado sonará zafio». Horacio (Quinto Horacio Flaco, 65-8 a. C.), coincidía con Cicerón y en *Ars Poetica* (circa 20 a. C.) también se posicionaba contra una traducción que copiaba el «original palabra por palabra, como un traductor esclavizado». Para Horacio, la calidad estética de una traducción debía primar más que la fidelidad al original.

Los primeros textos que se traducen son religiosos y la Biblia es el proyecto más extenso de traducción de la historia occidental y fuente de gran controversia religiosa, política y lingüística. La traducción de la Biblia siempre ha generado controversia: mientras que algunos afirman que es la palabra de Dios y que se debe traducir palabra por palabra, otros opinan que todo el mundo tiene derecho a acceder a la traducción en un idioma inteligible. Otras controversias apuntan a debates sobre la versión "original" apropiada en la que basar las traducciones bíblicas.

La historia más famosa de la Biblia relativa a las lenguas es la de la Torre de Babel (Génesis 11: 1-9), el mito de una única lengua y, por extensión, del origen de la traducción. De hecho, la historia de la Torre de Babel (una de cuyas etimologías en hebreo es *confundir*), puede interpretarse no solo como el principio de la traducción, sino también como una postura contra la diversidad lingüística.[1] La primera traducción de la Biblia tuvo lugar en el siglo III a. C. Esta traducción del Antiguo Testamento del hebreo y el arameo originales al koiné, un dialecto popular griego hablado en el Mediterráneo y el Oriente Medio durante la época de los romanos, se llama *Versión Griega Septuaginta* a causa de los aproximadamente 70 traductores que se cree que trabajaron en la traducción. Conforme la fe cristiana se extendía en el Imperio Romano, se precisaba una versión en latín y a finales del siglo II d. C., había versiones en Italia y en el Norte de África. Es durante el mandato del Papa Damasco I, que deseaba un texto uniforme en latín, que Jerónimo de Estridón (o San Jerónimo como también se le conoce) asumió su traducción. Esta versión, escrita entre el 382 y el 404, a partir de los originales hebreo y griego, se llama la *Biblia Vulgata*. Jerónimo no solo llevó a cabo una traducción fundamentada en el sentido, sino que optó por un latín vulgar en lugar de un latín formal. El hecho de que la *Vulgata* (*vulgata editio*, es decir, con mayor divulgación) de Jerónimo se convirtiera en el texto fuente para muchas traducciones posteriores de la Biblia (y vigente como la Biblia latina "oficial" de la Iglesia Católica hasta 1979 en que se publicó la *Neo Vulgata*) es una prueba de su relevancia durante casi 1500 años.[2]

Conforme las literaturas vernáculas se desarrollaron, lo mismo hacían las traducciones. No hay duda de que se usaba la traducción como «a means of increasing the status of their own vernacular» (Bassnett 2002: 57). De hecho, la idea de que la gente corriente debía tener acceso a las Escrituras se convertiría en una demanda central en la Reforma. Secciones distintas de la Biblia se traducirían poco a poco a diferentes lenguas europeas: por ejemplo, al godo, al eslavo, al francés y al catalán. Poco después de la nueva traducción al latín de Erasmo en 1516, Martín Lutero (1486-1546) llevó a cabo su propia traducción de la Biblia (comenzó en 1521 y no terminó hasta 1534) al alto alemán medio, que se había erigido como la norma nacional. En ninguna parte se ejemplifica con más claridad la centralidad de la traducción de la Biblia en los eventos del mundo que en las consecuencias de la traducción de Lutero ya que esta finalmente ocasionaría una rotura con la Iglesia Católica Romana y originaría la Iglesia Protestante.

La primera traducción de la Biblia al inglés la escribió John Wycliffe entre 1380 y 1384. Sin embargo, la versión que más ha influenciado en inglés es la *Biblia del Rey Jacobo* de 1611 (también conocida como la *Versión Autorizada*), basada en su mayoría en otra versión en inglés publicada en 1525/6 y elaborada por William Tyndale directamente del griego y el hebreo. La importancia de la versión de Tyndale yace no solo en el hecho de que la mayoría de las traducciones subsiguientes en inglés se basarían en ella, sino que muchos escritores ingleses han citado su versión lo que, como resultado, ha influido de forma notable en la literatura inglesa.

Las consecuencias de una traducción "profana" podían ser extremas: Tyndale, que se esforzó para hacer la Biblia más accesible, pagaría finalmente su traducción con la hoguera en 1536. De igual modo, Étienne Dolet (1509-1546), un académico que trabajaba en una imprenta, fue acusado de herejía por su traducción de la Biblia al francés. Cuando la Universidad de la Sorbona acusó a Dolet de producir una traducción de Platón que parecía cuestionar la inmortalidad humana, también lo quemaron en la hoguera. En *La maniere de bien traudire d'une langue en aultre* (1540) Dolet indicó cinco principios básicos para los traductores. De acuerdo con el francés, los traductores debían: 1) entender el texto perfectamente, 2) conocer la lengua meta y la lengua original a la perfección, 3) evitar las traducciones palabra por palabra, 4) evitar el latín u otras formaciones extrañas y 5) intentar ser elocuentes.

La primera traducción completa de la Biblia al español se publicó en 1569 y la llevó a cabo Casiodoro de Reina. Esta versión, impresa en Basilia, Suiza y que se convertiría en la base para muchas traducciones

posteriores al español, es conocida como la *Biblia del Oso* a causa del oso que aparece en su cubierta. Todas las versiones en español, incluyendo la revisión de Cipriano de Valera, conocida como la *Biblia del Cántaro* de 1602, fueron prohibidas en España (y leída por protestantes) hasta que la Inquisición finalmente permitió su publicación en 1782. La Biblia que más influencia tiene en español hoy es la versión conocida como la *Biblia Reina-Valera* de 1960.

Hoy, una de las mayores instituciones dedicadas a la traducción de la Biblia es la de la *Wycliffe Bible Translators*, una organización que ya ha revisado traducciones completas de la Biblia a 500 idiomas. Sin embargo, no será hasta el 2025 que se traduzca a todas las lenguas ya que «around 1900 languages are still waiting for a Bible translation to begin» (www.wycliffe.org).

En un contexto como este, es imperativo mencionar la *Escuela de Traductores de Toledo*, que se desarrolló en el siglo XII con el deseo de hacer accesible al resto de Europa el conocimiento científico y filosófico de los griegos (por ejemplo, Aristóteles) que los árabes ya habían traducido, estudiado y anotado durante siglos. La *Escuela de Traductores de Toledo* es más conocida por sus colaboraciones entre cristianos, musulmanes y judíos, que tradujeron juntos en las bibliotecas y en la catedral, a menudo llevando a cabo traducciones a la vista, del árabe o del hebreo al español medieval, y que luego traducían a latín. En el siglo XIII y bajo el mandato del Rey Alfonso X el Sabio, las traducciones se realizaban únicamente al español, lo que reforzó el español de la época.[3]

A principios del siglo XVII, los traductores se tomaban cada vez más libertades con los textos clásicos; por ejemplo, Abraham Cowley (1618-67) afirmó que había «taken, left out, and added what I please».[4] La influencia creciente de estos "imitadores" llevó a John Dryden (1631-1700) a proponer en el prefacio de su propia traducción de *Las epístolas de Ovidio* (1680), una tipología de traducción de acuerdo al grado de cercanía con el texto fuente. Para Dryden existen dos extremos que deben evitarse: las imitaciones y la metáfrasis o las traducciones «word for word and line by line». Para el inglés, cualquiera de las dos formas de traducir era «much like dancing on ropes with fettered legs—a foolish task». Dryden proponía la paráfrasis, que explicó como una traducción fundamentada en el sentido: una «translation with latitude, where the author is kept in view by the translator, so as to never be lost, but his words are not so strictly followed as his sense».

En el siglo XVIII, las estrategias de traducción disertaban sobre el proceso de traducción y sobre el texto fuente, metafóricamente referido como un retrato, con el traductor como pintor. Alexander Tytler (1747-1813) escribió el primer gran trabajo de traducción en inglés. En "Essays on the Principles of Translation" (1797), Tytler expuso sus propios principios de traducción, principalmente que: 1) la traducción debe contener toda la información que aparece en el original, 2) el estilo de la traducción debe ser como el del texto fuente y 3) la traducción debe fluir y ser tan fácil de leer como el original.

En *Sobre los diferentes métodos de traducción* (*Über die verschiedenen Methoden des Übersetzens*) (1813), el austríaco romántico Friedrich Schleiermacher (1768-1834), escribió sobre las estrategias de traducción necesarias según los diferentes tipos de textos. Opinaba que las traducciones debían acercar el lector al autor (alienación, más tarde llamado extranjerización), y no el autor al lector (naturalización, posteriormente denominado domesticación), lo cual supondría una gran influencia en las teorías traductológicas venideras.

La tradición eurocentrista ha dominado durante tiempo incluso la historia de los estudios de traducción y se ha hablado poco de la trayectoria de la teoría de la traducción en Oriente. Sin embargo, el interés en romper con el eurocentrismo en estudios de traducción ha llevado a un nuevo enfoque internacional (Cheung 2005). Históricamente, los gobiernos, como por ejemplo de China o India, donde los traductores tenían cargos oficiales, han sido algunos de los mayores impulsores de proyectos de traducción. Ya en 1100 a. C., el chino Jia Gonyan definió la traducción como la actividad de reemplazar una lengua escrita por otra sin cambiar el significado (Zhang 2003).

Si en occidente la Biblia centra la atención traductológica, en China serán los escritos budistas. El taoísmo fue la filosofía por excelencia en China hasta que con el contacto con la India se empezaron a traducir los sutras budistas del sánscrito. En el siglo VII, Xuan Zang invirtió 17 años en India en busca de escrituras budistas; este pasaría el resto de su vida traduciendo, con ayuda de sus ayudantes, escrituras del sánscrito, así como los 657 pergaminos que había comprado en India (84 veces más extensos que la Biblia), en la escuela de traducción que había creado en Chang'an.[5] El valor histórico de este monje taoísta reside en que abogaría por una traducción no solamente fiel sino sobre todo comprensible de los textos budistas. Otro traductor chino cuya labor traductológica también cabe destacar es Yan Fu, quien tradujo a Charles Darwin, Montesquieu o John Stuart Mill. Como otros traductores, sería en un prefacio donde adelantó lo que él consideraba los tres problemas mayores de la traducción: la fidelidad, la fluidez y la elegancia. Yan Fu sentaría las bases para el triplete de la traducción china (Zhang 2003) aunque sus detractores dicen que estas las tomó directamente de Tytler.

La historia de la traducción en China va más allá de sus propias fronteras ya que al adoptar Japón, Corea y Vietnam caracteres clásicos chinos para su escritura, China ejercería una evidente influencia en el mundo cultural, filosófico y lingüístico de estos países.[6] El japonés y el coreano desarrollarían para su lectura sistemas de anotación junto a los textos chinos (el vietnamita no lo necesitó debido a su similitud al chino). Según Wakabayashi (2005: 24), tanto los textos en chino clásico en países que no eran chinos como el sistema de anotaciones para su lectura pueden asimismo considerarse formas de traducción extremas. El sistema traductológico, al fin y al cabo una interferencia gramatical, léxica, estilística y cultural, influyó de manera significativa en estos países y, a pesar de su poca naturalidad y su exotismo, para algunos su potencial de enriquecimiento literario, cultural e intelectual lo convirtieron en un elemento positivo.

Sin embargo, la influencia de la omnipotente China declinaría a partir del siglo XVII cuando su creciente realidad urbana dio paso a novelas populares escritas en lengua vernácula (*baihua*) llenas de una gramática y un léxico muy diferentes al chino clásico. El declive del prestigio de China, junto con la dificultad lingüística de traducir estas obras en *baihua* a japonés, coreano o vietnamita supondrían una domesticación extrema de estas novelas populares en los idiomas mencionados, tanto en el género, como en la historia y su ambientación (Wakabayashi 2005: 33).

En el mundo árabe, Bagdad se considera el centro más importante de la labor traductológica y la traducción de textos científicos y filosóficos se encuentran en el centro de esta (en el periodo de Abbasid, entre el siglo VIII y el siglo XIII, se tradujo filosofía griega, ciencia india y literatura persa). Si las primeras traducciones buscaban la literalidad y la fidelidad al texto original (al parecer influenciadas por la tradición griega de traducir), también se tomó esta postura en las primeras traducciones del Corán. Como en otras partes, la traducción en el mundo árabe se debatía entre un modelo de literalidad (por ejemplo, Yohana Ibn Al- Batriq y Ibn Naima Al-Himsi) y un modelo de fluidez, más comunicativo (por ejemplo, Hunayn Ibn Ishaq Al-Jawahiri) (Baker 2003: 320-1).

En la India, los modelos traductológicos son muy parecidos a los anteriormente mencionados. En el siglo XIX, el escritor y reformista indio Navalram enumera lo que considera las tres formas posibles de traducir: 1) *shabdanusar* o palabra por palabra, 2) *arthanusar* o sentido por sentido y 3) *rasaanusar* o espíritu por espíritu (Kothari 2009: 264).

Como tan acertadamente explican Kothari y Wakabayashi (2009: 7), la traducción tiene un valor distinto en diferentes culturas y en diferentes momentos históricos, no llevándose a cabo nunca de forma igual ni con la misma intención:

> [T]ranslation has been accorded different statuses in different linguistic communities and at different historical junctures. . . . In some cultures, for instance, translation has been regarded as a mere aid to accessing texts that are already largely under-standable. In other cultures, "translation" has constituted, for example, transcreation . . . a very different perspective from that of adapting source texts to fit the target culture's needs, even

though both might seem to fall under the Western label of "domestication".

Siglo XX

Poco a poco, las teorías traductológicas en el siglo XX se orientarían más hacia la lingüística y se centrarían en la equivalencia, un aspecto crucial y hartamente debatido en traducción. Sin embargo, no sería hasta la segunda mitad de siglo que la teoría de la traducción empezaría a alcanzar el apogeo del que goza en nuestros días. Y aún con el auge de los estudios de traducción, la noción de equivalencia seguiría siendo un punto central.

La noción de equivalencia la toma el estructuralista Jakobson, para quien la equivalencia no se encuentra simplemente en el plano léxico o sintáctico ya que: «translation involves two equivalent messages in two different codes» (1992: 146). Considera que la equivalencia es una cuestión conceptual dado que: «languages differ essentially in what they must convey and not in what they can convey» (1992: 149). Al final reconoce que: «only rarely can one reproduce both content and form in a translation, and hence in general the form is usually sacrificed for the sake of the content». El conocido lingüista e influyente estudioso y traductor de la Biblia, Nida (1964: 159) distingue entre la equivalencia de la forma de un texto (equivalencia formal o correspondencia) y la del contenido, elementos culturales incluidos, (equivalencia dinámica o funcional). En *The Theory and Practice of Translation* (1969: 33), Nida y Taber caracterizan la traducción y el proceso de equivalencia como aquel en el que un traductor debe analizar, transferir y reestructurar.

Gráfico 2.1 (Nida y Taber 1969: 3)

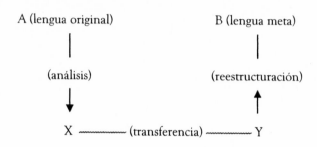

Catford se decantaría por un acercamiento más lingüístico a la noción de equivalencia en traducción, motivado por las diferencias lingüísticas en la LO y la LM e introduce el concepto de desplazamientos de traducción: «departures from formal correspondence in the process of going from the SL [source language] to the TL [target language]» (Catford 1965: 73). Se dividen estos en desplazamientos obligatorios (impuestos por la LM) y desplazamientos opcionales (desplazamientos estilísticos o culturales que el traductor elige incorporar o no). Popovic describe estos desplazamientos de la siguiente manera: «All that appears as new with respect to the original, or fails to appear where it might have been expected, may be interpreted as a shift» (1970: 79).

Koller recurre a Saussure para explicar su teoría de equivalencia en traducción y explica que la intraducibilidad no existe. Para Koller (1989) mientras la equivalencia tiene lugar a nivel de la *parole*, entre elementos específicos de la LO y la LM, la correspondencia tiene lugar a nivel de la *langue*, entre los distintos sistemas lingüísticos.[7] Por otro lado, Newmark defiende el análisis de un texto de acuerdo con la intención, la tipología del texto, el lector previsto, el estilo, la calidad, los aspectos culturales, etcétera, como una forma de determinar la estrategia de traducción. Newmark distingue entre lo que él llama una traducción semántica que «attempts to render. . . the exact contextual meaning of the original» (1988: 39) y una traducción comunicativa. Continúa explicando que «In general, a semantic translation is written at the author's linguistic level, a communicative at the readership's» (47).

Es Reiss (1989) quien se pronuncia sobre la importancia de las tipologías textuales en traducción, y distingue cuatro tipos de textos: informativo (técnico, científico), expresivo (literario), operativo (publicidad) y multimedia o subsidiario (canciones, doblaje, etcétera). Siguiendo la noción de las tipologías textuales, Vermeer (1978) formula la teoría del skopos (palabra griega para "objetivo" o "finalidad") y la expande más adelante con Reiss (1984). De acuerdo con la teoría del skopos, las estrategias de traducción dependen no solo del objetivo o de la función de un texto en traducción, sino también del iniciador del proyecto de traducción. Sin embargo, hay algunos, como Hatim y Mason, que se oponen a la teoría del skopos en traducción ya que este niega «the reader access to the world of the SL text» (1990: 9). De igual modo, House (1977), sugiere evaluar un TO para determinar su función y así poder imitarlo en la LM. Esta equivalencia funcional es lo que ella llama una traducción encubierta. House explica que una traducción encubierta podría ser la traducción de un escrito académico que no presente rasgos visibles de la LO, en contraposición con la traducción deliberadamente abierta de un discurso político en donde las referencias culturales pueden ser desconocidas para el lector del TO.

Los estudios lingüísticos comparativos se han centrado asimismo en la equivalencia en lenguas específicas. Un ejemplo es *La traductología: curso básico de traducción* (1977) de Gerardo Vázquez Ayora y otro *Teoría y práctica de la traducción* (1984) de Valentín García Yebra, donde se comparan estructuras en traducción de español a inglés, francés y alemán. Precursor de estos fue el influyente estudio de Vinay y Darbelnet sobre la comparación lingüística y la equivalencia entre el francés y el inglés, *Stylistique comparée du français et de l'anglais*, publicado en 1958, pero sin traducción al inglés hasta 1995. Vinay y Darbelnet presentan siete estrategias específicas de traducción: las directas (o literales): 1) los préstamos, 2) los calcos y 3) la traducción literal; y las estrategias de traducción oblicuas: 4) la transposición, 5) la modulación, 6) la equivalencia y 7) la adaptación. Para Vinay y Darbelnet, la equivalencia es un procedimiento necesario para «replicate the same situation as in the original, whilst using completely different wording» (1995: 342).

El nacimiento de una disciplina contemporánea

En 1972, James Holmes presentó lo que ahora supone una propuesta trascendental llamada *The Name and Nature of Translation Studies* (que no sería publicada hasta 1988). En esta presentación abogó por el término Estudios de Traducción «as the standard term for the discipline as a whole» (Holmes 2003: 175). Aunque en un principio el término se utilizó para referirse a una traducción más literaria, los estudios de traducción ahora se extienden a todos los campos implicados en la traducción.[8] En este estudio, Holmes definió la traducción como un campo compuesto de diversas disciplinas académicas, divididas en ramas teóricas, descriptivas y aplicadas. El Gráfico 2.2 es un modelo simplificado de la teoría de Holmes.

Gráfico 2.2 (Mapa de Holmes, Toury 1995: 10)

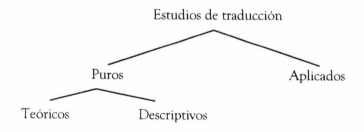

Conforme el texto meta se volvió un mayor objeto de preocupación, Holmes, Hermans, Toury y otros miembros de la Escuela de la

Manipulación centraron su atención en un acercamiento descriptivo a la traducción (Estudios Descriptivos de Traducción, EDT) para identificar las normas literarias, lingüísticas y sociales que subyacían en el proceso de traducción ya que consideraban que «all translation implies a degree of manipulation of the source text for a certain purpose» (Hermans 1985: 217). Steiner (1975), Even-Zohar (1990) y Pym (2010) han desarrollado estas líneas descriptivas también.

Los estudios de traducción en los últimos veinte o treinta años se han orientado hacia lo sociocultural; en los 90 este desarrollo siguió a los estudios culturales muy de cerca. Bassnett (2002), Lefevere (1992), Simon (1996), Spivak (2005) y Venuti (1995, 1998) son algunos de los académicos más notables que han incorporado en los estudios de traducción cuestiones de estudios culturales como el género, los límites de los cánones literarios, el poscolonialismo o la ideología.

Los avances tecnológicos han cambiado radicalmente la traducción y ofrecen asistencia fácilmente accesible a los traductores. Sin embargo, como bien argumenta Munday (2001: 191), eso hace que el traductor sea aún más invisible, porque cualquier forma de traducción automática «conceals the human involvement and gives the impression of it being an easy and automatic process». La traducción automática o por ordenador supone un punto de controversia, en parte porque aún no ha tenido el éxito esperado.

La traducción automática (TA) puede traducir material técnico o científico relativamente bien, como demuestra cada día MÉTÉO, la máquina de traducción del Centro de Medioambiente Meteorológico Canadiense, que traduce 80.000 palabras de previsiones meteorológicas del francés al inglés (López 2002). Sin embargo, el principal escollo al que se enfrentan las traducciones por ordenador es la del significado, dado que las palabras pueden significar otra cosa en diferentes combinaciones y, hasta el momento, los ordenadores no son capaces de distinguir todas las diferentes combinaciones posibles. Conscientes de que la traducción automática no puede ofrecer equivalencias "perfectas", es imperativo que los seres humanos moldeemos con nuestras propias manos las traducciones generadas por máquinas (conocida también como traducción asistida por ordenador, TAO). El empleo de máquinas para los traductores incluye el uso de diccionarios en línea, bases de datos y memorias de traducción (MT), programas que asisten al traductor, le sugieren posibles traducciones, le "recuerdan" cómo se ha traducido una oración o frase y le "indican" cómo tradujo el usuario ese segmento anteriormente.

Es difícil vaticinar hacia dónde se dirigen los estudios de traducción; la década de los 90 experimentó un crecimiento en las carreras ofrecidas en las universidades de todo el mundo y, mientras que hay algunos que temían que los estudios podrían dispersarse de acuerdo con paradigmas específicos, otros vaticinaban que si su crecimiento como campo académico suponía una pista, tan solo podrían seguir avanzando. Y así ha sido: no cabe duda que los estudios de traducción se van asentado empujados en buena medida por la realidad lingüística de un mundo plurilingüe que requiere los servicios continuos de traductores e intérpretes preparados.

---

1. La historia de la Torre de Babel (Génesis 11: 1-9) en el Antiguo Testamento empieza con un mundo monolingüe en el que los humanos deciden construir una torre para alcanzar los cielos. Dios considera este intento de aproximación una osadía con lo que castiga a los humanos con diversas lenguas, lo cual impide que se entiendan y que no puedan acabar de construir la torre.

2. El día 30 de septiembre, día en que murió en 420, se celebra el día de San Jerónimo y el Día Internacional de la Traducción.

3. En 1994, la Escuela de Traductores reabrió en la Universidad de Castilla-La Mancha como centro de investigación para estudios árabes y hebreos.

4. En el Prefacio de las *Odas pindáricas* (1656), como cita Steiner (1975: 254).

5. Xuan Zang es una figura de renombre en China gracias a la gran novela clásica china *Viaje al Oeste* (traducida también como *Peregrinación al Oeste*), que narra su peregrinación a la India en busca de textos religiosos. Escrita en el siglo XVI de forma anónima, se atribuye a Wu Cheng'en.

6. El chino clásico no es una transcripción del habla chino y solo se puede entender leyéndolo.

7. Para Koller (1989), el análisis de las características del texto, como la función lingüística, el contenido, el estilo, el formato, la estética y la pragmática eran todas esenciales a la hora de determinar las estrategias traductológicas.

8. Otros términos que se han utilizado para referirse a los estudios de traducción son: translatología, traductología, o Ciencias de la Traducción.

CAPÍTULO 3

Traduttore, traditore.
Cultura y traducción

La expresión italiana *traduttore, traditore* (*traductor, traidor*) se utiliza para señalar la complejidad de la traducción "perfecta" y, de forma simultánea, fortalece la noción de intraducibilidad.[1] Las teorías de traducibilidad e intraducibilidad giran en torno al concepto de significado y su relación con los procesos de pensamiento. Estas, a su vez, están relacionadas con las siguientes nociones: 1) el significado es universal y por tanto no está ligado a procesos de pensamiento, lo cual posibilita la traducción de todo texto, 2) los procesos de pensamiento y las palabras están tan interrelacionados que la traducción se vuelve un "reto imposible" y 3) aunque el idioma es importante en el proceso de pensamiento esto no impide que se pueda abordar la traducción de cualquier texto. Es dentro de este paradigma que hay que situar la realidad de que la traducción no está relegada a un solo aspecto del lenguaje, sino a las construcciones filosóficas, lingüísticas, metodológicas y culturales que subyacen a la comunicación humana. Por supuesto, cuanto más cercanas sean dos lenguas y más "simple" el mensaje, tanto más cercana será la traducción;

los juegos de palabras, los retruécanos, las ironías o las alusiones son menos simples y por tanto se acercan más a la intraducibilidad.

Independientemente de las lenguas o textos implicados, todas las traducciones comparten fenómenos lingüísticos concretos, como la simplificación o la explicitación—principios universales de la traducción (Baker 1993). Nadie niega que las pérdidas en traducción, ya sean de naturaleza lingüística o cultural, sean inevitables; sin embargo, minimizarlas y salvar la interferencia de la LO en la LM son las máximas de la mayoría de traductores (otra cosa son los proyectos de extranjerización intencionados). Mientras que la interferencia es más notable en el plano de la palabra, véase los préstamos, calcos y neologismos, también pasa en el plano sintáctico y, por supuesto, en el plano cultural. Las limitaciones en lenguas meta ocasionadas por las estructuras de la lengua fuente pueden producir un "tercer idioma", extraño y no idiomático (Duff 1981); a esta lengua extraña, donde todo empieza a sonar igual, se le llama traduccionismo. El traduccionismo, hay que señalar, es diferente de una lengua controlada, que es una «simplified versión of a language» (Arnold et al 1994: 211) en su vocabulario y gramática y se usa como una base para la traducción automática.[2] Si bien es verdad que estudios más recientes incluso lo llaman un dialecto (Lembersky, Ordan y Wintner 2012: 255), otros ven el traduccionismo como un elemento clave en la revitalización de las tradiciones literarias. En Japón, por poner un caso, debido a la larga tradición de la traducción, los extranjerismos léxicos y sintácticos no están desprestigiados sino que incluso hay quienes los consideran innovaciones interesantes (Yoshihiro 2005).

La concienciación de que la mayor parte de la población mundial es bilingüe y no monolingüe ha impulsado cada vez más estudios sobre bilingüismo y por ende de la traducción e interpretación. De hecho, aunque el proceso exacto psicolingüístico, neurocientífico o cognitivo de transferir una lengua a otra en traducción aún no se conoce en su totalidad, todo indica que ambas lenguas—la LO y la LM—se procesan en el cerebro de un traductor de forma parecida al procesamiento del lenguaje en el cerebro de una persona bilingüe. Paralelamente a la gran variedad de estudios enfocados en descubrir cómo los bilingües utilizan y acceden a sus idiomas, ha crecido la tecnología que ayuda a medir este proceso. Algunas de estas tecnologías incluyen sistemas de seguimiento de ojos y programas que registran comportamientos en el uso de los teclados o neuroimágenes. Estudios recientes indican que el cerebro funciona de forma distinta según la direccionalidad del proceso traslativo. Según Rinne et al (2000: 85): «Brain activation patterns were clearly modulated by direction of translation, with more extensive activation during translation into the non-native language which is often considered to be a more demanding task». Por su lado, Thierry y Wu (2007: 12534) encontraron que se produce la activación inconsciente de la lengua materna cuando un bilingüe accede a su LB. Otro estudio aún más reciente indica que a pesar de los datos inconclusos sobre el cerebro y el proceso traductológico y de no saberse aún qué zonas exactas del cerebro tienen que ver con el proceso de traducción, sí se sabe que se procesan las unidades de traducción de distinta forma, según sean palabras o frases (García 2013).

Como metáfora del proceso de traducción, Harris (1988) utilizó el término de bitexto para referirse a la construcción psicológica de la mente de un traductor que está «simultaneously present and intimately interconnected» al original y a su traducción en el proceso traslatorio. La multipresencia de lenguas tiene lugar también en diversas literaturas poscoloniales y de inmigrantes. La alternancia lingüística es, sin duda, especialmente difícil de traducir en presencia de "otra" lengua, ya que el sentido de alteridad desequilibra la balanza hacia la otredad. En textos multilingües híbridos (como los de la literatura chicana o de la Polinesia francesa), la otredad se refleja en los sistemas de códigos escritos que aparecen glosados, en bastardilla, explicados o sin traducción, dependiendo del acercamiento de domesticación o extranjerización del escritor. Estas estrategias lingüísticas multilingües suponen un desafío extremo para los traductores.

Nadie niega que la literatura ha dado forma a la cultura; no obstante, hasta hace poco se le ha prestado escasa atención al papel de la traducción en este proceso y menos aún al papel de la traducción en la creación de los cánones literarios. Dos ejemplos recientísimos de la influencia de un proyecto traductológico en la formación de un canon se han dado durante la segunda mitad del siglo XX. Uno es Borges que era muy consciente de cómo esta llamada «interferencia literaria» (Even-Zohar 1990: 59) estaba moldeando el canon de la literatura latinoamericana dado que los textos que él elegía para traducir al español, ya sabía que se convertirían en referencias tanto para escritores como para lectores. El otro tiene que ver con el canon de literatura japonesa en los Estados Unidos, entre los años 50 y los 90, que se basó casi exclusivamente en los escritores japoneses que un puñado de profesores universitarios de EE. UU. había descubierto y traducido al inglés a finales de la Segunda Guerra Mundial (Venuti 1998).

No hay duda que se traduce por un sinfín de razones aunque las más comunes, tanto a nivel personal como a nivel nacional, podría decirse que son educativas (el aprendizaje y la ampliación de conocimientos), personales (son innumerables las traducciones que han resultado del gusto por el arte), y políticas (por necesidad de resistencia o el afán de conquista bien a nivel físico o mental).

El afán de información para aprender y ampliar conocimientos concretos o literarios implica necesariamente la selección de textos. Por ejemplo, consciente de sus vacíos científicos e intelectuales, el Japón moderno de los albores del siglo XX lanzó un esfuerzo nacional por traducir textos que llenaran esas lagunas y en Corea, Gwang-Su animó al traductor Kim Ok a importar textos canónigos para enriquecer el espíritu del país (Hyun 2005: 158). Aunque es poco común, la traducción puede incluso tener un papel significativo con respeto a las lenguas en peligro de extinción: si se traduce la literatura de la lengua en peligro de extinción, se puede leer en otra parte del mundo, lo cual ayudará a crear lectores de esa literatura y si se traduce a la lengua en peligro de extinción, se posibilita la entrada de nuevas ideas, lo cual puede a su vez llevar a renovar modelos; además, la traducción tiene la capacidad de animar a los escritores al hacer que se sientan estos apoyados (Sawant 2013: 96).

Un ejemplo claro de la influencia de la traducción se da en la China de los años 80 con la introducción del monólogo interior a su literatura, incluso con apoyos de estamentos gubernamentales. Hasta la mitad del siglo XX, un realismo un tanto anticuado describía al individuo de forma extremadamente pasiva y exageraba el impacto del mundo exterior. Introducir el monólogo interior a la literatura china[3] a través de la traducción sirvió para celebrar el individualismo (hecho que hasta entonces se consideraba subversivo), ayudó a concebir la posibilidad de lo nuevo y fue clave en la modernización de China (Yifeng 2008).[4]

La actividad traductológica sucede asimismo como resistencia o defensa sobre todo a un colonizador o enemigo, véase militar, ideológico o lingüístico y acaba confundiéndose con la ampliación de conocimientos ya que con una se combate la otra. La selección de textos en traducción es tan importante como la traducción misma ya que se influye en la cultura y la literatura de la lengua meta y, quiérase o no, acaba influyendo en la lengua. En la Cataluña del siglo XX hubo dos proyectos importantes de traducción que surgen a raíz de un afán de afianzar la literatura catalana: uno de Josep Carner (1884-1970) y otro de Joan Sales (1912-1983), ambos surgidos del nacionalismo catalán y contra la hegemonía de Madrid y el castellano. Carner, al igual que otros novecentistas de principios del siglo XX, busca fortalecer un catalán estándar a través de textos canónicos, como las obras de Shakespeare. A su vez Sales, una vez concluida la Guerra Civil e instaurada una política lingüística represiva, vuelve de su exilio mejicano para ayudar a fomentar un catalán vernáculo eligiendo textos (como *The Catcher in the Rye* de J. D. Salinger) y así ayudar a crear una tradición en catalán entre los lectores jóvenes. Tanto uno como otro sabían que su selección de textos fortalecerían no solo el nacionalismo catalán sino que también serían un ímpetu para su proyecto lingüístico (Venuti 2005).

La hegemonía lingüística en un mundo globalizado es una realidad con consecuencias palpables. En Europa, por ejemplo, en 1975 el 80% de la literatura infantil que se traducía en Suecia era estadounidense o inglesa (O'Sullivan 2005: 66-67 en Danyté 2012). Danyté sitúa la pequeña nación de Lituania de tres millones de habitantes dentro de este fenómeno para examinar cómo la traducción sirve de acto transcultural de resistencia y ve en la localización un camino que puede llevar a la resistencia. En Lituania, la ley estipula que todos los productos importados, desde cosméticos a productos electrónicos, deben tener instrucciones o explicaciones traducidas a lituano. El proyecto nacional de traducción ha cosechado ciertos éxitos. Danyté ha notado más progreso hacia mayor diversidad cultural y lingüística; en particular con la traducción de libros y películas infantiles, los niños ahora escuchan lituano en las películas dobladas. Como bien dice, la traducción también puede verse como «a positive transcultural act that supports cultural and linguistic diversity instead of suppressing it» (Danyté 2012: 11).

En la Prusia napoleónica de 1806, Schleiermacher clamó por una nación propia abogando por la traducción como fórmula de fortalecer el idioma propio y por ende su cultura. Siguiendo esta iniciativa, los traductores de la época articularon un proyecto por el cual las traducciones a alemán de textos extranjeros—excluyendo los franceses—ayudarían a fortalecer la resistencia del país al invasor francés (Venuti 2005: 187). En Kerala, un estado al sur de la India donde se habla malayalam (o malabar, como también se le conoce), la traducción sirvió para crear una identidad regional distinta al sánscrito y tamil que dominaban hasta entonces en la región (Ramakrishnan 2009).

Conforme el poscolonialismo repasa las relaciones de poder entre imperios y sus antiguas colonias, la traducción se expone como una herramienta suprema en esta dominación (parecido a las prácticas publicitarias hoy en día). De acuerdo con Cheyfitz (1991: 112): «from its beginning   the imperialist   mission is . . . one of translation: the translation of the 'other' into terms of the empire». De hecho, la traducción se considera una metáfora de poder porque, conforme el discurso del imperio se fortalece, el de la colonia se vuelve una copia y, como todas las copias, se consideran de segunda categoría. Un estudio de los prefacios y de las notas de diversas traducciones inglesas en el período colonial en India llevó a Niranjana (1992: 2) a revelar el alcance de exclusión sobre su propia historia al que se había sometido al colonizado: «What is at stake here is the representation of the colonized, who need to be produced in such a manner as to justify cultural domination». Niranjana (1992: 3) continúa diciendo:

> Translation thus produces strategies of containment. By employing certain modes of representing the other—which it thereby also brings into being—translation reinforces hegemonic versions of the colonized, helping them acquire the status of what Edward Said calls representations, or objects without history. These become facts exerting a force on events in the colony: witness Thomas Babington Macaulay's 1835 dismissal of indigenous Indian learning as outdated and irrelevant, which prepared the way for the introduction of English education.

Las Américas (el Caribe incluido), África y Asia se colonizaron a través de la lengua; en 1918, los europeos habían colonizado al 85 por ciento del mundo. Una de las consecuencias es que hoy hay un mayor número de nativo hablantes de español en México que en España y más nativo hablantes de inglés en EE. UU. que en Inglaterra.

> It would be naïve not to recognize the far-reaching consequences not only of linguistic choices but also the commercial, political and social impetus of the power structures involved in translation . . . Translation goes beyond mere linguistic features—it is interdisciplinary as it looks to literature, history, social relations, politics, gender, ethics, responsibility, choice, difference, etc. Translations are at the intersection of language and power (Aranda 2012: 175).

La conquista o dominación puede ser externa o interna. En China se publicaron gran número de traducciones de obras canónigas rusas en los años 20 que captaban el espíritu comunista que los dirigentes chinos querían implantar; algunos son *La madre* de Máximo Gorki, *Así se templó el acero* de Nikolái Ostrovski o las obras de Vládimir Mayakovski. Como explica Yifeng (2008), el poemario de Mayakovski sirvió de modelo para otros poetas chinos como He Jingzhi que adoptarían formas parecidas en chino.[5]

Cada vez surgen más ejemplos de cómo los imperios sometieron a las colonias a través de la lengua y en particular a través de la traducción. Por ejemplo, la traducción del Tratado de Waitangi de 1840 en Nueva Zelanda permitió a los ingleses hacerse con el país sin resistencia. Según Fenton y Moon (2002: 36), fue determinante la traducción de *property*, *possession*, y *ownership* en el contexto maorí donde no existían tales conceptos.[6] Como este caso demuestra, la dificultad de la traducción estriba no solo en el distanciamiento entre lenguas sino cuando las culturas distan mucho entre sí.

Hawai'i perdió su independencia a los EE. UU. a finales del siglo XIX: en 1893 la reina Lili'uokalani fue depuesta, en 1898 Hawai'i era ya territorio estadounidense y para 1959 se había convertido en el quincuagésimo estado. En esta trayectoria histórica, la traducción tuvo un papel importante, sobre todo a nivel político. Durante los años en que se estuvo labrando el derrocamiento de la monarquía hawaiana y los barones estadounidenses se hacían más fuertes, la traducción se utilizó como si de una dádiva se tratara: en los periódicos de las islas a finales del siglo XIX era común que se publicaran traducciones de textos clásicos a hawaiano, lo cual parecía dar cierta legitimación a la lengua nativa y así se apaciguaban los ánimos del pueblo indígena (Bacchilega y Arista 2007). En el proceso, algunas traducciones como las de *Las mil y una noches* incorporaron elementos propios de los nativos (como los nudos de la genealogía que se recitan en el hula)—convirtiéndose la traducción en una herramienta de apropiación cultural. Hoy en día hay poca traducción al hawaiano; sin embargo, como explica Aiu «. . . the choice not to translate strengthens the position of the Hawaiian language. Since you cannot understand Hawaiian without understanding a worldview, perceptions about land and culture are forced to change» (Aiu 2010: 105).

La conquista a través de la traducción ha sido una constante de los imperios. Con la traducción de topónimos a inglés, Irlanda empezó a desprenderse de su cultura autóctona (Tymoczko 1999) al igual que los nativo americanos que tampoco conocen bien su pasado debido a las malas traducciones de su cultura y lengua, tanto que los escritores contemporáneos han de «sort through such rewriting and mistranslations to discover their own history and genealogy» (Gentlzer 2008: 13).

Los últimos 500 años de Latinoamérica han estado estrechamente relacionados con la traducción de una forma u otra. La Malinche (Malinalli Tenépal o Malintzin) es, con diferencia, la traductora e intérprete más (im)popular en Latinoamérica; denigrada como intérprete y a menudo acusada de la desaparición del imperio azteca ya que con su conocimiento de lenguas y su capacidad de interpretación, se dice posibilitó esta. Su historia y la transformación que está sufriendo hoy es paralela a la de la traducción: desde el desprecio hasta la admiración. De acuerdo con el testimonio de primera mano de Bernal Díaz en 1568 en *Historia verdadera de la conquista de la Nueva España*, Malintzin rechazada por su madre, que se decantaba más por su hermanastro, más joven, acabó en Tabasco, donde la entregaron a Hernán Cortés como esclava en 1519. Tras haber aprendido maya en Tabasco, le pidieron a Malinalli que hiciera de intérprete entre el conquistador español y Moctezuma cuando el emperador azteca y el conquistador español se conocieron: Moctezuma hablaba azteca a La Malinche, que interpretaba al maya para el subdiácono español don Jerónimo de Aguilar, que luego transmitía el mensaje al español y después a la inversa (esto se conoce hoy en día como interpretación consecutiva por *relé*). Con el tiempo, Malinalli o doña Marina, como luego se la conocería, aprendió español y se convirtió en la intérprete directa entre Moctezuma y Cortés con quien tendría un hijo, don Martín Cortés, considerado el primer mexicano mestizo. Mientras que a La Malinche (un apodo que recibió cuando trabajaba para Cortés) muchos mexicanos la tachan de traidora (*malinchismo* se ha incluido en el diccionario de la Real Academia Española como sinónimo del apego a lo extranjero y menosprecio de lo propio), hay otras voces que claman que se considere a La Malinche una figura nacional, puesto que merece todo el respeto por sus habilidades lingüísticas y por su inteligencia, y no como la culpable de la conquista española de México ni de la caída del imperio azteca.

En *Historia universal de las cosas de la Nueva España* de 1569, Bernardino de Sahagún traduce la conquista española de las Américas literal y metafóricamente en náhuatl, español y latín. Aunque no cabe duda que la *Historia universal* fue una herramienta en la conquista por parte de España, hoy su valor estriba también en su valía como testimonio de la cultura náhuatl, tanto que hay quienes opinan que Bernardino de Sahagún podría considerarse el precursor de la antropología. En sus conquistas, Cristóbal Colón se había dado cuenta del valor de la lengua y en su viaje de vuelta a España se trajo consigo un pequeño grupo de hombres para entrenarles como intérpretes de cara a sus próximos periplos. De hecho, en Latinoamérica los mestizos que sabían escribir se convirtieron en traductores e intérpretes—llamados *lenguas*—para los colonizadores y los colonizados.

Según el punto de vista de la política de la traducción, donde la traducción puede considerarse tanto un problema como una solución (Spivak 2003: 95), los idiomas de los imperios (como el español y el inglés) dieron un fuerte impulso al discurso filosófico y cultural de sus colonias, aunque afianzándose como el "original" del que copiar. En este nuevo marco, en el que la traducción construye una nueva representación cultural, surge que la extranjerización de los textos se empieza a domesticar. Sin duda, esta «ilusión de la originalidad» a la que se refiere Venuti (1995) es una consecuencia de la forma en la que la traducción funciona para asimilar la cultura fuente en la cultura meta. Un caso extremo es la industria marginal no autorizada de la traducción en países como India donde se publican gran número de traducciones anónimas en forma de revistas infantiles, libros de interés general o pornografía (Kothari 2009: 264). La invisibilidad de los traductores que prima en Occidente no se ha dado en Japón donde hay una gran tradición traductológica. A los traductores se les tiene en gran estima y son tan conocidos como los escritores; de hecho, han tenido un papel primordial en la modernización de la literatura nipona al presentar nuevos modelos literarios tanto a los escritores como a los lectores que a menudo escogen los libros que van a leer no solo llevados por el escritor sino también por el traductor (Yoshihiro 2005: 142).

Las traducciones domesticadas o naturalizadas tienden a ser tan fluidas que parecen originales no solo en el plano de la palabra sino también en el del contenido—en contraste directo al exotismo o la extranjerización.[7] En 1813, Schleiermacher explicó la dicotomía de extranjerización/naturalización como un proceso en el que: «Either the translator leaves the writer alone as much as possible and moves the reader towards the writer, or he leaves the reader alone as much as possible and moves the writer towards the reader» (1992: 42).

La historia de la traducción está repleta de ejemplos de textos "originales" que se han domesticado para encajar en la cultura meta: un soneto de Shakespeare traducido al hebreo en el que el amor entre dos hombres se transforma en el de un hombre y una mujer para evitar las referencias a la homosexualidad (Toury en Venuti 1998: 29); las traducciones romanas de la literatura griega en las que el nombre del autor se sustituye por el del traductor y la cultura se adapta a la del traductor (véase las adaptaciones de Terencio); las traducciones intralingüísticas, como la versión estadounidense de la serie *Harry Potter* de J. K. Rowling que adapta los pesos o las medidas al lector estadounidense; o la traducción de William Weaver al inglés de *El nombre de la rosa*, de Umberto Eco, que omite 12 páginas de términos medievales y en latín, supuestamente para encajar en los gustos menos culturales de los hablantes ingleses.

La extranjerización, también referida como minorización, alienación o exotismo, es una estrategia viable encaminada hacia «a new practice of translation» (Niranjana 1992: 46). La extranjerización abarca la producción de traducciones minoritarias que «promote cultural innovation as well as the understanding of cultural difference by proliferating the variables within English» (Venuti 1998: 11). La minorización, que no elimina esos elementos que vuelven a un texto extranjero en la lengua meta, es una estrategia traslativa que permite que las características lingüísticas y estilísticas de un texto puedan "leerse" en traducción, aunque una cercanía extrema en una traducción podría originar incomprensión. Hoy en día, hay cierta tendencia en torno a extranjerizar no solo en la traducción de textos en sí, sino también en los tipos de textos no convencionales elegidos para la traducción. Otras técnicas de extranjerización incluyen la yuxtaposición de términos arcaicos y modernos entre sí para que recaiga «attention to the translation as a translation without unpleasurably disrupting the reading experience» (Venuti 1998: 15) o la trasliteración. Un caso interesante es la traducción por Levine de la famosa frase de Martí *Yo soy un hombre sincero* como *I'm a man without a zero*. Lewis (1985) apoya la extranjerización un poco más allá al defender la fidelidad abusiva en traducción, una técnica que comprende la experimentación y la manipulación de la lengua. La traducción de la novela *El beso de la mujer araña* de Manuel Puig por parte de Thomas Colchie (*Kiss of the Spider Woman*, 1991) es un ejemplo de extranjerización al no utilizar las comillas típicas del inglés para indicar el diálogo sino el guión largo como en la LO. Esta estrategia traslativa sitúa al lector desde el principio mismo en un espacio de cultura ajena y no domesticada.

Sin duda, traducir es un reto ya que por un lado hay que mostrar lo lejano o "extraño" pero a través de lo cercano. Berman (2003) enumera las estrategias o «tendencias deformadoras» que surgen de las traducciones naturalizadas o domesticadas y que los traductores han de intentar contrarrestar. Las doce estrategias deformadoras que alteran el original y que los traductores deben compensar, según Berman (2003) son:

1) Racionalización: los textos se recomponen para tomar características propias del TO (por ejemplo, se cambian categorías gramaticales, como el uso de sustantivos en lugar de verbos). Según Berman, la racionalización invierte el original y es típica de la traducción etnocéntrica.

2) Aclaración: a menudo los significados se explican en la traducción, incluso cuando la intención del TO es ocultarlos.

3) Expansión: todas las traducciones son más extensas que los originales, son «inflacionistas» (Steiner 1975) debido a que «la adición no adiciona nada».

4) Ennoblecimiento: las traducciones se alteran para crear una reescritura "elegante" y fácil de leer.

5) Empobrecimiento cualitativo: un TM se empobrece cuando se utilizan términos, modismos o expresiones de menor calidad sonora o "riqueza icónica".

6) Empobrecimiento cuantitativo: la pérdida léxica o los resultados de la pérdida de ambigüedad de una traducción que tiene menos significantes que el original.

7) Destrucción de ritmos: los ritmos (en poesía, teatro o prosa) se pueden destruir a través de la puntuación (por ejemplo, un pasaje corto de Faulkner tiene cuatro signos de puntuación en el original, mientras que su versión traducida tiene 22, Gresset y Samway 1983).

8) Destrucción de redes subyacentes de significado: los subtextos pueden desaparecer en traducción.

9) Destrucción de modelos lingüísticos: los nuevos modelos lingüísticos en traducción pueden producir traducciones que parecen a la vez más homogéneas e inconsistentes que el original.

10) Destrucción de sistemas vernáculos o su exotización: Berman opina que todas las grandes obras están enraizadas en los vernáculos, con lo cual anular estos (por ejemplo, eliminar diminutivos en castellano) es atacar las obras. Es frecuente exotizar los vernáculos con dialectos locales (por ejemplo, sustituir un acento del sur de EE. UU. por uno andaluz) o utilizar letras cursivas.

11) Destrucción de expresiones y modismos: las equivalencias no son traducciones sino intentos etnocéntricos que ignoran la existencia de una conciencia proverbial.

12) Anulación de la superimposición de lenguas: para Berman la tensión creada entre dialectos, sociolectos o idiolectos y el lenguaje literario demanda una mayor atención por parte de los traductores, puesto que la considera como «the central problem posed by translating novels».

Spivak se compromete con los proyectos de traducción para que las diferencias de la literatura minoritaria y subordinada del tercer mundo no desaparezcan en la traducción, partiendo de la base de que «translation is the most intimate act of reading» (2005: 94). Si la primera versión del cuento de Mahasweta Devi "Stanadayini" (1980) se tradujo como "The Wet-nurse", Spivak crea una nueva versión con un nuevo título "Breast-Giver", que según la traductora no neutraliza la ironía de la autora (Spivak 2012: 315). El compromiso ético de Spivak al proyecto de traducción es tal que en sus traducciones del bengalí al inglés de la activista india, incluye un prefacio de la traductor, un epílogo y notas finales. Sin embargo, este proyecto de traducción no convence a todos. Hay quienes opinan que el compromiso radical de Spivak con la "ética de la traducción" y la búsqueda de acceder a la otredad cultural es extremadamente radical lo cual la sitúa entre «the Metropolitan first-world feminist and the 'diasporic' intellectual who has come from the Third World to ply her trade in the West» (Staten 2005: 111).

Dentro del marco poscolonial de traducción, donde se examina el rol de la traducción en la cultura, lengua e historia de las excolonias, surgen discusiones como el derecho a traducir o el enfoque a cuestiones de género. Por ejemplo, si se considera la traducción artífice del poder y la hegemonía lingüístico-cultural, no es descabellado que haya quienes consideren que solo un nativo de la lengua original puede o debe traducir los textos nativos. Gupta (1998) se refiere en específico a las traducciones de Rabindranath Tagore por parte de la inglesa Marjorie Sykes, amiga y traductora de la obra del escritor bengalí. Teniendo en cuenta que «the literary and political value (and the two cannot be separated) of a particular act of translation is determined by the history of the two cultures» (Gupta 1998: 182) y que existe una desigualdad lingüística entre el inglés y el bengalí (no solamente de léxico sino sobre todo de poder histórico), este opina que hasta que no haya mayor paridad entre Occidente e India, la traducción por parte de un occidental es «an intrusion and a perpetuation of the primacy of the West» (Gupta 1998: 185).

Un importante movimiento postcolonial es el de la antropofagia brasileña, metáfora para el papel de la traducción en el proceso de colonización. En los Estudios de Traducción de Brasil, la canibalización de un sacerdote portugués a manos de los nativos del país, se ha convertido en la metáfora por la cual la colonia toma la lengua del colonizador, la absorbe, se nutre de ella y la regurgita: véase la desconstrucción por parte del padre de este movimiento Oswald de Andrade que en su *Manifiesto Antropófago* (1928) toma la célebre frase de Shakespeare «To be or not to be» y, tropicalizando el legado impuesto (Sales Salvador 2004), la traduce como «Tupí or not tupí, that is the question». Como explica Sales Salvador (2004: 53):

> La antropofagia es una de las tesis más originales que se formularon en América Latina en función de resolver las tensiones y contradicciones propias de un país que, por un lado, trataba de adecuarse a las revolucionarias manifestaciones artísticas y culturales de las vanguardias históricas europeas. Bisagra entre lo nacional y lo cosmopolita, la metáfora antropofágica privilegió como símbolo al indio devorador.

En el proceso de traducción se reescribe a "los otros" desde el prisma del Imperio y como consecuencia de este desequilibrio de poderes, la imagen (o la comparación) de la colonia parece inferior, incluso en un plano nacional. Ejemplo de ello es el colonialismo interno como en España o Reino Unido, que da lugar a la denigración lingüística: el catalán, el gallego o el vasco se consideraban inferiores al castellano (especialmente durante el régimen franquista), igual que se consideró inferior el irlandés al inglés (Cronin 1996),[8] evitando que fueran lenguas meta de la traducción. No hay duda que la traducción es una herramienta en la colonización pero a la vez ha sido útil en la respuesta a esta por parte de las excolonias: «Translation complemented colonialism in its conquests but it has also become a tool in postcolonialism as it responded to the complex power relations between the periphery and the center» (Aranda 2012: 174).

El feminismo de la forma que sea, literaria, lingüística, social, política o económica, ha tenido que lidiar con estructuras parecidas al colonialismo y estas se evidencian en la traducción también. Estudios como los de Chamberlain (1988), Simon (1996) o Flowtow (1997) se centran en aspectos como la feminización de la traducción como copia "infiel", la mujer traductora o la desfeminización del género lingüístico. La traducción hecha por una mujer, de poesía irlandesa escrita por mujeres, muestra una de las formas de cómo se puede acometer una traducción feminista. Partiendo de la base de que la traducción y el feminismo son lugares de contención ideológica, Palacios González (2008) explica su proceso de traducción a gallego y los esfuerzos por hacer de este un proyecto de traducción que no obvia lo femenino. Así narra el proceso de escoger un texto femenino, situarlo dentro de un contexto histórico, literario, lingüístico y social, aplicar los mismos parámetros a la traducción que se aplican a textos no específicamente femeninos y producir un texto traducido donde la mujer es visible.

No son solo los proyectos de traducción feministas en los que se aboga por usar todos los paratextos al alcance del traductor—normalmente las anotaciones como pies de páginas, notas finales, prefacios o introducciones. Estos se consideran medios suplementarios que usan los traductores o editores para explicar las características originales que los lectores meta podrían desconocer, como hechos históricos y culturales o ciertas expresiones lingüísticas. Sin embargo, excepto en los textos más académicos, donde las notas y los pies de página pueden abundar, los traductores tienden a usar estos recursos lo más esporádicamente posible porque, se les dice, entorpecen la lectura. Sin embargo, hay excepciones. Un caso extremo es la versión de *Eugenio Oneguin* de Aleksander Pushkin realizada por Vládimir Nabokov que acabó extendiéndose a cuatro tomos o la versión española por Liliana Valenzuela de la novela *Caramelo* de Sandra Cisneros (2003) que incluye notas de la traductora y del editor sobre el proyecto de traducción y la lengua.

Hoy los paratextos son de gran interés en los estudios de traducción por su posible manipulación ideológica (Pellatt 2013: 3). Mientras que algunos traductores como Nabokov, Spivak o Valenzuela recurren a los prefacios o epílogos para resistir la dominación cultural o situar la obra dentro de un contexto específico,[9] y otros como Wycliffe, Cicerón o

Dryden los han usado para explicar las estrategias de traducción, hay quienes los emplean para justificar cambios del texto original. En el prefacio a la traducción de *Las mil y una noches*, Edward Lane, deseoso de gustar a un público europeo, explica qué y cómo ha "alterado" ciertos pasajes: «Certain passages which, in the original work, are of an objectionable nature, I have slightly varied» (Lane 1839: xvii).

La censura en traducción está impuesta tanto por regímenes políticos como por los propios traductores o editores, que cambian los textos meta para generar expectativas esperadas en los lectores prospectivos. Santoyo (1996: 41) cita el prefacio de Agustín Aicart en la traducción de 1829 de Walter Scott del poema "The Vision of Don Roderick" ("La visión de don Rodrigo"), en la que el traductor plantea sus razones de sustituir pensamientos y personajes:

> Walter Sccoth [sic] es escocés y escribe principalmente para los
> ingleses: Yo soy católico y español y escribo principalmente para
> los españoles. No aspiro tampoco a la gloria de traductor.

Parecida situación se dio con la traducción de George Chapman (1608) o con la de Alexander Pope (1715) de la *Ilíada*, en la que ambos suprimieron las alusiones a la homosexualidad a pesar de que era una práctica común en los tiempos de Homero (Williams 1993: 102-4). El régimen de Franco en España (1939-1975) censuró entre otras muchas cosas las traducciones de películas. Un caso famoso es *Mogambo* (1953) de John Ford en la que para evitar una relación adúltera (entre Clark Gable y Grace Kelly) se crea una relación incestuosa en la versión doblada al español. La solución de los censores franquistas fue hacer que Grace Kelly fuera soltera y su marido, David Sinden, su hermano. El escándalo se debe a los momentos amorosos entre los esposos y que los censores no llegaron a ver. El grupo TRACE (Traducciones Censuradas) investiga las traducciones censuradas en España entre 1939 y 1985 y tiene ya un corpus con más de 13.000 traducciones.

Como no es de extrañar, abundan los casos de censura en la traducción. Por ejemplo, a pesar de una segunda traducción completa, la primera versión censurada a ruso de *The Catcher in the Rye* de J. D. Salinger se considera la canónica y sigue siendo la más leída. Yoshihiro (2008) se refiere a dos ejemplos en Japón con resultados dispares. Una es la traducción de 1950 a japonés de la novela de D. H. Lawrence de *Lady Chatterly's Lover* cuyo traductor fue condenado a una multa de 100.000 yen por su traducción "obscena". El otro caso tiene que ver con *Kitchen* (1988) de la novelista japonesa Banana Yoshimoto en la que hace referencia a diferentes preferencias sexuales en Nueva York: mientras las versiones en alemán o francés no censuran estas, la versión en inglés es "políticamente correcta" con su ciudad y su gente. Según observa Yoshihiro (2008: 40) «The result is readability and remarkable distance from the source text».

No hay duda de que «la traducción está cargada de responsabilidades» (Hervey et al 2001: 27) y aunque traducir puede verse como una deslealtad—*traduttore, traditore*—a la lengua original y al texto, como Valentín García Yebra (1984) sabiamente explica:

> La regla de oro para toda traducción es, a mi juicio, *decir todo* lo que dice el original, *no decir nada* que el original no diga, y *decirlo todo con la corrección y naturalidad* que permita la lengua a la que se traduce. Las dos primeras normas compendian y exigen la fidelidad absoluta al contenido; la tercera autoriza la libertad necesaria en cuanto al estilo. La dificultad reside en aplicar las tres al mismo tiempo. Quien sepa hacerlo merecerá con toda justicia el titulo de traductor excelente.

---

1. Expresión de origen desconocido, hay quienes afirman que los italianos, encolerizados, lo espetaron por una traducción francesa de Dante.
2. Las lenguas simplificadas tienen distintos usos. Por ejemplo, Wikipedia, la enciclopedia en línea (www.wikipedia.org) contiene artículos traducidos a 285

idiomas, uno de los cuales es el inglés simple, escrito con las palabras más básicas del inglés. Dirigido a estudiantes, niños y adultos aprendiendo el idioma, las instrucciones para su uso indican utilizar «Basic English vocabulary and shorter sentences. This allows people to understand normally complex terms or phrases».

3. Solo entre 1994 y 2001 se publicaron cuatro traducciones del *Ulysses* de James Joyce (Yifeng 2008: 25).

4. Llama la atención que los libros con los que aprenden a leer los niños chinos están compuestos en parte por textos traducidos (Translation Forum: Translating and Interpreting as Social Practice. Xianxiang, China, 2013).

5. Véase el poema de Mayakosvki «Vladimir Ilyich Lenin» «Lenin! / Lenin! / Lenin!» y el poema «Oda a Lei Feng» de He Jingzhi «Lei Feng! / Lei Feng! / Lei Feng!». Sin embargo, para los años 80, la influencia de Mayakovski había decaído y hoy hay pocos que lo conocen (Yifeng 2008).

6. Parte de la culpa se debe asimismo a que la traducción a maorí la realizaron el misionero inglés Henry Williams y su hijo en una sola noche.

7. Newmark (1991: 4) llama fuentistas a aquellos que creen que las traducciones deben ser fieles al texto fuente, y metistas a aquellos que creen que el texto meta es más importante que la fidelidad al texto fuente.

8. Una traducción de una LO que tiene el mismo prestigio que la LM es conocida como una traducción horizontal y una traducción vertical es aquella en la que la LO tiene más prestigio que la LM.

9. Nida (1996) defiende el uso de notas para explicar las diferencias culturales ya que opina que cualquier otra solución requeriría un cambio en el texto original.

CAPÍTULO 4

Técnicas y estrategias de traducción

Las traducciones pueden o bien reproducir el texto fuente con los matices del original u orientarse al destinatario y adaptarse a lengua y cultura de la lengua meta. Esta diferencia binaria se ha visto desde un sinfín de puntos de vista; por ejemplo, Schleiermacher (1813) escribió acerca de la distinción entre naturalización y alienación, Venuti (1995) de domesticación y extranjerización, Vinay y Darbelnet (1995) de los procedimientos directos e indirectos u oblicuos, Nida (1964) de equivalencia formal y dinámica y Catford (1965) escribió sobre la diferencia de las traducciones culturales y lingüísticas. House (1977) habla de traducciones cubiertas y encubiertas. Para House, una traducción encubierta presenta una equivalencia funcional y trata de sonar como el original (con un «filtro cultural» si fuera necesario) para «recreate, reproduce or represent in the translated text the function the original has in its linguacultural framework and discourse world» (House 1997: 114). Por otro lado, una traducción abierta no aspira a sonar como el TO dado que, por muchas características que compartan (como el registro o el género), la función del nuevo texto puede no ser una de estas. A su vez, Newmark (1991) habla de traducción semántica y comunicativa. En la tabla 4.1 se presenta una versión resumida de la distinción de las características semánticas y comunicativas en traducción que, en general, van al compás con las dos principales estrategias de traducción utilizadas por la mayoría de traductores.

Tabla 4.1 (Newmark 1991: 11-13)

Traducción semántica	**Traducción comunicativa**
Centrada en el autor	Centrada en el lector
Orientada a la semántica y sintaxis	Orientada al efecto
Fiel, más literal	Fiel, más libre
Centrado en el significado	Centrado en el mensaje
Más artificial, más detallada	Más natural y sutil, pero extensa
Enfoque: lengua original	Enfoque: lengua meta
Sobretraducida	Infratraducida
Cultura del original inalterada	Cultura del original naturalizada
Más poderosa	Menos poderosa
El traductor no puede mejorar o corregir	El traductor puede mejorar, corregir y aclarar
Errores en notas al pie	Errores corregidos
Unidad de traducción: propensa a palabras, colocaciones y oraciones	Unidad de traducción: propensa a frases y párrafos
Objetivo: una transmisión exacta	Objetivo: una transmisión eficaz

La traducción es un arte   La traducción es un oficio

Repasar las principales técnicas y estrategias de traducción es extremadamente útil para los estudiantes, ya que esto les hace conscientes de la diversidad de procedimientos en el proceso de traducción, así como de las consecuencias que conlleva en el TM emplear uno u otro. Las técnicas son muchas y muy variadas, y dependen de un vasto abanico de factores, que incluyen los lingüísticos y culturales, el traductor mismo, el lector o del objetivo de la traducción. Las técnicas enumeradas a continuación se basan en su mayoría en el trabajo de Vinay y Darbelnet (1995) que dividen los métodos de traducción en dos categorías: directas (el préstamo, el calco, la traducción literal) y oblicuas (la transposición, la modulación, la equivalencia y la adaptación). Hay que tener en cuenta la indeterminación de estas dado que una traducción puede incluir más de una de las siguientes estrategias.

·Traducción literal

Las traducciones literales son posibles en frases simples, cuanto más cercanas sean las lenguas implicadas (p. ej.: *The movie is long* > *La película es larga* o *Háblame en inglés* > *Talk to me in English*). Sin embargo, tan pronto como las palabras estén incluidas en estructuras polisémicas, esto se rompe (p. ej.: *Háblame en cristiano* > *Talk to me in Christian*, es decir, *Talk to me in a language I understand*).

Ignacio Ochoa y Federico López Socasau, autores de *From Lost to the River–Perdidos al río* llevan la literalidad al extremo al traducir expresiones españolas a inglés literalmente en pos del humor (p. ej.: *Mi gozo en un pozo* > *My joy in a well*, 2003: 75). Según anuncian en la portada, este es un «Glosario esperpéntico dedicado a todos los que no han conseguido hablar inglés. Ahora tienen en su mano la más sutil venganza.»

La traducción automática sigue siendo bastante literal y limitada incluso a principios del siglo XXI al no tener la capacidad de interpretar todas las posibles combinaciones. Sin embargo, los traductores en línea van mejorando. En el 2007, la traducción automática de la frase *Mr. Bush*

gave up running when he hurt his knee era Sr. Bush dio para arriba el
funcionamiento cuando él lastimó su rodilla (http://www.systranbox.com/) y
Sr. Arbusto renunció corriendo cuando él dolió la rodilla
(http://www.freetranslation.com/). En 2015, las traducciones han
mejorado algo con programas cada vez más sofisticados: *Sr. Bush abandonó
el funcionamiento cuando él dañó su rodilla* y *El Sr. Bush dejó de funcionar
cuando se lastimó la rodilla* (http://www.systranet.com/translate y
www.free.translation.com respectivamente).

-Préstamos

Cuando la equivalencia no es posible en el plano de la palabra, Vinay y
Darbelnet (1995) reparan en que una estrategia es tomar prestadas
palabras de la lengua original y usarlas en la LM. En tanto en cuanto
algunas son necesarias porque el concepto puede no existir en la LM (por
ejemplo, porque es un campo nuevo, como en el área de la tecnología,
véase *chip* en español), otras no lo son. Ha habido un esfuerzo conjunto en
muchas partes del mundo por minimizar el uso de palabras extranjeras,
especialmente del inglés, y por restringir su uso frente a formas existentes
(p. ej.: *espónsor* en lugar de *patrocinador*). Sin embargo, los anglicismos
recientes de la esfera de la tecnología (como *internet*), son mucho más
poderosos que las traducciones literales al español (como *red*). Debido a
que los traductores son, con frecuencia, la fuente de nuevos textos a otro
idioma, es práctica generalizada señalarles como los "culpables" o
causantes de la entrada de préstamos a una lengua.

Los préstamos del inglés se llaman anglicismos y los del español
hispanismos, y ambos se consideran naturalizados una vez que aparecen en
los diccionarios (las nuevas palabras que entran en una lengua se llaman
neologismos). Los anglicismos también se extienden a frases o estructuras
sintácticas; como el uso en español de oraciones coordinadas cortas
propias del inglés en lugar de las subordinadas, más largas, que sería lo
natural en la lengua española. Algunos hispanismos identificables en
inglés son *corral, burro, flan, machismo, mosquito, tortilla* o la abreviatura *lb.* (<
libra). Como argumenta García Yebra (1984: 335) de forma oportuna,

mientras que algunos son inevitables y otros no, no hay idioma que no tenga algunas palabras extranjeras adaptadas.

-Calcos

Los calcos traducen una estructura extranjera de la LO literalmente a la LM (p. ej.: *kindergarten* > *jardín de infancia*, *skyscraper* > *rascacielos*, *sangre azul* > *blue blood*).

-Transposición

La transposición es la transformación de una palabra del TO en otra categoría gramatical en el TM por equivalencia de significado (p. ej.: de adjetivo a sustantivo: *The Mexican border* > *La frontera con México*). En *Introducción a la traductología*, Vázquez Ayora (1977) proporciona una larga lista de tipos de transposición, organizados por categorías gramaticales. Por ejemplo: verbo > adverbio (p. ej.: *It* kept *raining during our vacation* > *Llovía* de continuo *durante las vacaciones*); sustantivo > verbo (p. ej.: *Without the* slightest *hesitation* > *Sin* vacilar *en lo más mínimo*); adverbio > verbo (p. ej.: *He was never bothered* again > *Nadie* volvió *a molestarlo*); pronombre posesivo > artículo definido (p. ej.: *Your* hands are cold > *Tienes* las *manos frías*), etcétera. López Guix et al (2003) hablan de la transposición cruzada cuando dos términos se involucran en la categoría del otro, algo que ocurre frecuentemente entre adjetivos y adverbios (p. ej.: *The idea was incoherently delightful* > *La idea era* deliciosamente incoherente).

-Modulación

De acuerdo con Vinay y Darbelnet, la modulación es un cambio en el punto de vista o prisma debido a la diferencia entre los sistemas lingüísticos o las culturas. Algunos ejemplos incluyen: Health *insurance*— *Seguro de enfermedad*; life *imprisonment*—*cadena perpetua*. De acuerdo con Craig y Sánchez (2007), entre las clases más comunes de estrategias de modulación están la explicitación, la implicitación, la sustitución de un término abstracto por uno concreto, la inversión de la polaridad positivo/negativo o la permuta de singular y plural.

-Equivalencia

La equivalencia es una categoría algo difusa, ya que esencialmente todas las traducciones buscan ser equivalentes y transmitir los mismos hechos, sea con otras palabras, otra estructura u otro estilo. Newmark, que enumera los procedimientos de traducción de acuerdo con la cercanía a la lengua original, afirma que podría haber una equivalencia perfecta (p. ej.: *viernes–Friday*), pero es «fruitless to define equivalence–a common academic dead-end pursuit» (1991: 3). Vinay y Darbelnet, por otro lado, llaman equivalencia a la estrategia de correspondencia necesaria, por ejemplo, cuando se trata de traducir proverbios, expresiones, juegos de palabras o chistes (p. ej.: *Men at work* > *Obras*; *Caution. Slippery when wet* > *Atención. Piso mojado*; *Llueve a cántaros* > *It's raining cats and dogs*).

-Adaptación

La adaptación, que puede incluir cualquier rasgo de la transcripción del original, desde la actualización de una traducción, a la omisión, la expansión, el exotismo o la equivalencia situacional, es otro punto de controversia debido a su naturaleza domesticadora (o de naturalización). Muchos elementos del TO diferentes de la cultura meta desaparecen o se introducen frecuentemente debido a la ideología del traductor o a su sentido del decoro. Como no es de extrañar, Lefevere (1992: 42) manifiesta su preocupación cuando una traducción proyecta una imagen al servicio de una ideología determinada; véase, por ejemplo, la traducción moralizante de Edward Lane de las *Mil y una noches* libre del erotismo del original. López Guix et al (2003) recogen un ejemplo de un soneto de Shakespeare en el que la palabra *summer* se ha traducido como *primavera* para adaptar el contexto a la audiencia española, la cual relaciona con la primavera los elementos que un inglés asociaría con el verano.

De acuerdo con Vinay y Darbelnet (1995), la adaptación es necesaria cuando las situaciones culturales son tan dispares que las connotaciones se han perdido; por ejemplo, adaptar el *cricket* a *Tour de France*.[1]

-Paráfrasis

La paráfrasis es, sin duda, un tema demasiado amplio y poco concreto como estrategia de traducción. De acuerdo con la Real Academia Española de la Lengua, la paráfrasis es la «traducción en verso en la cual se imita el original, sin verterlo con escrupulosa exactitud». Dryden, uno de los primeros teóricos de la traducción e influyente escritor inglés de la época isabelina, formula la teoría de la paráfrasis como el punto medio perfecto en traducción, una estrategia entre la imitación y la traducción palabra por palabra (que él llamó metáfrasis). Trescientos años después, Newmark lo llama «the loosest translation procedure, which simply irons out the difficulties in any passage by generalizing» (1991: 3), mientras que Robinson (2003: 167) extiende el término para cubrir las traducciones intralingüísticas, es decir, las versiones de traducciones en el mismo idioma.

La versión libre en inglés de Edward FitzGerald del *Rubaiyat*, obra de Omar Khayyám escrita en farsi es un ejemplo de la difícil distinción entre estrategias de traducción. Para hacer que el *Rubaiyat* fuera del agrado de los lectores de la época vitoriana, FitzGerald (que cuando empieza la traducción aún no es un experto en el persa) echa mano de la paráfrasis. Aunque hoy es un autor olvidado y algo criticado, su traducción a inglés se considera una de las más bonitas de todos los tiempos en parte por el hecho de que, como otros románticos, FitzGerald creía que el efecto era más importante que la exactitud o la fidelidad. Es interesante que poca poesía en inglés ha vendido tantos ejemplares como la traducción de FitzGerald: «In this he was triumphantly successful, and his *Rubaiyat of Omar Khayyam* has been estimated to be one of the, if not the, best selling books of poetry ever to appear in English» (Davis 2012).

-Compensación

Aunque poco estudiada, la compensación es un procedimiento por el que el traductor añade en una parte del TM información (lingüística, cultural o estilística) que se había perdido en otra parte del TO para evitar pérdidas en la traducción.

-Expansión o amplificación

La expansión o amplificación es el uso de un mayor número de palabras en la LM que en la LO, aunque es bien sabido que las traducciones son casi siempre más largas que su original. La expansión suele ser el resultado de una falta de correspondencia entre estructuras lingüísticas (p. ej.: *La niña* estrenó *los zapatos en la boda de su hermana* > *The girl* wore *her new shoes* for the first time *at her sister's wedding*) o, a menudo, de la necesidad casi visceral de los traductores menos experimentados de incluir todos los elementos del TO.

Sin embargo, la expansión también puede emanar de un sentimiento de creatividad o intervencionismo del propio traductor. Así lo ilustra el caso de *Las mil y una noches*, a la que se han añadido historias en el proceso de traducción; por ejemplo, los cuentos "Ali Baba y los cuarenta ladrones" y "Aladino y la lámpara maravillosa" las añade el traductor a francés, Antoine Galland, en el siglo XVIII. Es de reseñar «que lo mismo que sus compiladores árabes, Galland suprimió, añadió, condensó, amplificó y substituyó [sic] cuentos del manuscrito. . . » y (quizás más interesante aún) que «la versión de Galland pasaría a formar parte del engranaje de las versiones de las *Alf layla wa-layla*. . . Es decir que la traducción de Galland originó una nueva versión en la lengua original, aventura insólita en todo tipo de traducciones» (Rubiera Mata 1996: 526).

Santoyo (1996: 49) señala una traducción al español de la obra *Quintin Durward*, de Walter Scott, en la que se eliminan el prólogo del autor y el capítulo introductorio para luego salpicar el nuevo texto con las propias invenciones y adiciones del traductor.

Before the period she had to struggle for her every existence with the English, already possessed of her fairest provinces.[2]

Mucho antes de esta época se veía ya precisada a sostener contra Inglaterra, dueña de sus mejores provincias, continua y sangrienta lucha, tratándose nada menos que de defender su existencia política.[3]

-Explicitación

La explicitación, estrategia considerada innecesaria y por lo tanto olvidada para muchos, tiende a la especificación. Como la explicitación describe en la traducción aquello que está implícito en la LO, el resultado es un TM más redundante y cohesivamente explícito. Un ejemplo en el plano textual es la inclusión de un árbol familiar "explicando" las relaciones de familia de *Cien años de soledad*, de Gabriel García Márquez, en su versión inglesa (*A Hundred Years of Solitude*), que no aparece en el original español (subsiguientes versiones en español llegan a incorporarlo).

-Infratraducción

La infratraducción, también llamada simplificación, es una generalización del TO en la LM a causa de la pérdida de significado lingüístico o cultural.

-Omisión

Es frecuente que en los textos metas haya cierta cantidad de omisiones y, como en el caso de la expansión, esta puede deberse a la falta de correspondencia palabra por palabra entre lenguas o culturas o (¿por qué no?), a un antojo del traductor. ¿Cómo si no, se entendería la versión inglesa de *La casa de los espíritus*, de Isabel Allende en la que *«atravesado por media docena de flechas»* se vuelve solamente *«pierced by arrows»*? Hay quienes opinan, como Venuti, que hay traductores que eliminan nociones que creen que no encajarán con la sensibilidad de los nuevos lectores. En la Edad Media, la Escuela de Traductores de Toledo recurrió a las omisiones para cristianizar los textos árabes en las traducciones latinas. Para Santoyo (1996: 39), un caso extremo de omisión es la traducción al español publicada en Chile en 1972 de *El amante de Lady Chatterley* de D. H. Lawrence, en la que se pierde más del 25% del original.

Tipología de la traducción

No cabe duda de que «Because a given text has both form and meaning. . . there are two kinds of translation. One is form-based and the other is meaning-based» Larson (1998: 17). De hecho, hay una amplia variedad de formas del TM que son producto del objetivo o de la función para la cual se visualiza la traducción, de la persona a cargo de la traducción, del traductor, o el uso que se le da a la traducción. A continuación aparece una lista alfabética de los principales tipos de traducción:

-Adaptación

Las adaptaciones se consideran versiones libres o imitaciones que resultan de la acción traslativa. Ya en el siglo III a. C., Livio Andrónico (c. 285-204 a. C.) produjo una adaptación en latín de la *Odisea* de Homero (800 a. C.) orientada específicamente al público de Roma. En los siglos XVII y XVIII, las adaptaciones creadas para encajar en los gustos literarios y culturales del momento se volvieron populares de nuevo; en Francia estos textos embellecidos pero "infieles" se conocían como *belles infidèles*. Actualmente, es una práctica común que los textos científicos y técnicos se adapten en la traducción para lectores no especializados.

-Autotraducción

La lista de autotraductores, es decir escritores que traducen sus propios textos, es larga y singular: Rabindranath Tagore, Samuel Beckett, Jorge Luis Borges, Vládimir Nabakov, Umberto Eco, Guillermo Cabrera Infante, María Luisa Bombal o Rosario Ferré, por nombrar a algunos. Las traducciones propias, ya sean traducidas simultáneamente mientras se escribe el original o en un proceso posterior a la publicación del original, varían en el grado de intervención del autor. Muchas de las personas que se traducen a sí mismas, como el sudafricano André Brink, usan la traducción para incluir adiciones o correcciones (Kruger 2012: 281). James Joyce, que ayudó a traducir "Anna Livia Plurabella" (una parte de la que más tarde sería *Finnegans Wake*), creó una versión italiana más explícita, con más argot y diferentes dobles y hasta triples juegos de palabras; en conjunto «a more daring variation» (Risset 1984: 3). Las novelas de Rosario Ferré en inglés son, según confiesa la autora misma, una «segunda oportunidad» para arreglar errores. Es interesante notar cuánto su *House on the Lagoon* dista del original español *La casa de la laguna*. Este bilingüismo literario es asimismo un distanciamiento lingüístico que puede verse de alguna forma como «emblematic of her island's [Puerto Rico] disjointed soul» Stavans (1995: 640).

Para algunos, las autotraducciones son incluso más prestigiosas que las traducciones de parte de un tercero ya que no son meras copias. En *The Subversive Scribe*, Suzanne Jill Levine, traductora que ha trabajado con algunos de los escritores más sobresalientes en castellano, opina que hay novelistas como Guillermo Cabrera Infante o Manuel Puig que, al considerar sus originales «translations of realities», se deleitan en «abusar» de su propia lengua y tienden a traducciones más subversivas. Tal es el caso de Cabrera Infante que abiertamente confesaba no sentir ninguna responsabilidad en inglés. No hay más que reparar en sus tres versiones de *Vista del amanecer en el trópico*: el original español (1974), una traducción de Levine (1978) y una edición revisada por el autor (1988). La razón de esta última versión revisada, una década más tarde, se debe a que Cabrera Infante pensaba que el estilo de la traducción de Levine se parecía demasiado al de Ernest Hemingway (Pérez Firmat 2003: 110); sea como fuere, el autor/traductor aprovechó para añadir material al original.

-Localización

La localización se utiliza para traducciones sobre todo técnicas y comerciales en las que se busca adaptar el texto para que parezca original en el país utilizado. Según LISA, la organización de localización que crea los estándares de la industria:

> Localization is the process of adapting and manufacturing a
> product so that it has the look and feel of a nationally-

manufactured piece of goods. Thus localization is the piece of the global business puzzle that enables companies to do business in markets outside of their home market (LISA 2003: 3).

-Seudotraducción

Una seudotraducción es una traducción ficticia. Una de las más famosas es *El ingenioso hidalgo don Quijote de La Mancha*, cuyo autor, Miguel de Cervantes, presenta como una traducción al español. La primera parte está escrita por el «autor desta historial» y un enigmático «segundo autor» y la segunda parte la escribe El Cid Hamete Benengeli; es decir, que la primera parte está escrita en español y la segunda (la más extensa) se presenta como una traducción al español del árabe. No solo fueron los juglares sino los libros de caballerías los que utilizarían la traducción como recurso narrativo: «La estratagema es conocidísima ya que la usaron los autores de los libros de caballerías para autorizar sus ficciones y darlas por 'verdaderas'» (Moner 1990: 514).

-Traducción absoluta

Las traducciones absolutas enfatizan la exactitud del contenido y la forma en la transferencia a una LM. Aunque sea un término confuso, exagerado o un ideal fútil e impreciso, este es, según Gouadec (1989), uno de los siete tipos de traducciones posibles que surgen en el mundo profesional. En la traducción absoluta se traduce el texto integramente sin cambios a la terminología, el contenido o la forma como si de esta manera la cantidad de la información y la calidad de la comunicación fueran a ser más exactas.

-Traducción de aficionados

Las traducciones de los aficionados son aquellas que realizan los jugadores de videojuegos a lenguas en que las empresas creadoras no trabajan. A esta traducción de los subtítulos de videojuegos se llama *fansub* y comenzó con la traducción de videojuegos en japonés.

En España, es habitual que se traduzcan las series a partir de los *fansubs* en inglés. Los traductores de *fansub* están muy orgullo-sos de su trabajo, aunque por norma general las traducciones al castellano (ya sea neutro o peninsular) suelen contener faltas de ortografía, calcos sintácticos del inglés o del francés, nombres fonéticamente mal adaptados del japonés y traducciones literales de elementos culturales (Ferrer Simó 2005: 28-29).

-Traducción esencial

Una traducción esencial es un borrador de una traducción; puesto que se trata de un proceso más rápido, resulta más barata.

-Traducción etnográfica

Una traducción etnográfica interpreta y comenta en el texto meta el contexto cultural del texto origen, y aunque se considera útil en la investigación intercultural y muy necesaria para campos como la publicidad, es también una práctica polémica (véase Niranjana 1992 o Pym 2010). Dada su larga historia como "traductora de culturas", a la etnografía a menudo se le ha criticado la autoridad con que edita y reescribe culturas (Sturge 2014).

-Traducción por fonemas

Las traducciones por fonemas u homófonas tratan de imitar el sonido, el ritmo y la sintaxis de la lengua del texto original, combinando ambas lenguas y permitiendo la «sense to emerge as a kind of vaguely suggested impression» (Hervey et al 2001: 48). El resultado puede producir textos extremadamente extranjerizados.

-Traducción glosada

Una traducción glosada, que muchas veces incluye notas, es una traducción que reproduce la forma y el contenido del texto original de la forma más literal y significativa posible, para que el lector del TM pueda «understand as much as he can of the customs, manner of thought, and means of expression» del contexto de la LO (Nida 1964: 159). Las traducciones glosadas se utilizan normalmente como guías de estudio, ya que ofrecen una mirada más profunda a la cultura y a la lengua del texto.

-Traducción grafológica

La traducción grafológica sustituye las unidades grafológicas de una lengua a otra. Utilizada en poesía y en el mundo publicitario, se considera una forma exótica o extrema de traducción, ya que no produce necesariamente una traducción "correcta". Por ejemplo: «the Russian Word СПУТПИК can be graphologically translated into the Roman form CHYTHNK by substituting Cyrillic letters not with the nearest Roman sound equivalents, but with those Roman letters which most closely resemble them in appearance» (Shuttleworth y Cowie 1997: 68).

-Traducción indirecta

Las traducciones indirectas, también denominadas traducciones *pivot*, de relevo o de segunda mano, son traducciones de un texto original, pero no directamente de este, sino a través de un texto traducido a una lengua distinta a las otras dos. A través de las traducciones indirectas, el idioma, la cultura, los valores y los rasgos de la cultura intermediaria se adentran invariablemente en la cultura meta, una práctica muy común en los contextos coloniales.

-Traducción interlineal

La traducción interlineal es una traducción (o un glosario palabra por palabra) del TO situada una línea por debajo del original y que se utiliza como refuerzo en una lectura muy precisa de un TO, en el aprendizaje de una lengua o en lingüística para los análisis de discurso. Según Nord para «reproducir el sistema de la LO en la LM» (Nord 1996: 92). Una traducción interlineal es un caso extremo de una traducción literal, ya que persigue una correspondencia gramatical palabra por palabra entre el TO y el TM.

-Traducción interlingüística

Una traducción interlingüística es una traducción entre diferentes lenguas, en yuxtaposición a la traducción intralingüística (entre variedades de una misma lengua) o intersemiótica (entre una lengua verbal y otra no verbal) (Jakobson 1992).

-Traducción intermediaria

Véase *Traducción indirecta*.

-Traducción intersemiótica

De acuerdo con Jakobson (1992), aparte de la traducción interlingüística o intralingüística, existe la traducción intersemiótica, que incluye la traducción entre el lenguaje verbal y no verbal (p. ej.: decir *OK* y levantar el pulgar). Este significado se ha ampliado para incluir las adaptaciones de textos literarios en películas.

-Traducción intertemporal

La traducción intertemporal es la modernización interlingüística o intralingüística de textos, en contraste con la arcaización de los textos, menos frecuente. Un debate en los estudios de traducción es el de cómo deben traducirse los textos antiguos: ¿deben traducirse a un equivalente lingüístico cotemporal del original y arriesgar la incomprensión o deben estar lingüísticamente actualizados y permitir la comprensión? Otro dilema es qué hacer con esas referencias culturales e implicaciones que han perdido su significado hoy, ¿deberían traducirse culturalmente, con notas, o dejarse tal cual? Hay quienes opinan que la incorporación de algunas estructuras arcaicas es una manera de conservar un lazo histórico o vínculo con el original. Como este caso de traducción demuestra, la cultura y la lengua están íntimamente e intrínsecamente ligadas entre sí.

Los arcaísmos a menudo se utilizan para dar a una traducción una calidad más poética. Según Bassnett (2002), el uso de este idioma "simulado" es una forma de colonizar el pasado. Los traductores deben tener cuidado para no generar incongruencias anacrónicas en las traducciones; esto es, utilizar palabras que no corresponden a esa época, tanto con palabras contemporáneas en textos antiguos como palabras anticuadas en textos modernos, a no ser que se trate de una estrategia de extranjerización. Borges se refiere a la traducción "descuidada" de Edward Lane de *Las mil y una noches* en las que este usa la palabra "romántico" en su traducción en boca de un moro del siglo XII, lo que el argentino denomina como un "futurismo" (Borges 2012: 37).

-Traducción intralingüística

Una traducción intralingüística puede ser una reelaboración, una paráfrasis o una traducción a la misma lengua del texto original pero en una variedad o un dialecto diferente (Jakobson 1992). No es infrecuente que los programas de televisión de EE. UU. se traduzcan al español de España, así como a otras variedades del español habladas en Latinoamérica.

-Traducción paralela

Un texto paralelo es una traducción que acompaña al texto original; un caso extremo es el de la Piedra Rosetta, escrito en las tres formas empleadas en Egipto cuando se talló en el 196 a. C.: los jeroglíficos egipcios, los demóticos (jeroglíficos simplificados) y el griego.

-Traducción parcial

Por traducción parcial se considera una traducción en la que «some parts or parts of the SL text are left untranslated» (Catford 1965: 21) en el TM, normalmente para producir un efecto exótico o un sabor más local. La traducción al inglés de *El maestro de esgrima* de Arturo Pérez Reverte por Margaret Jull Costa (*The Fencing Master*), ofrece el siguiente ejemplo: «On the corners, sellers cried their wares, *Horchata de chufa*, delicious *horchata de chufa!*» (1998: 38).

-Traducción parentética

Una traducción parentética es una traducción en paréntesis, normalmente de una sola palabra o frase y es una práctica tan común en literaturas poscoloniales que Aschroft, Griffiths y Tiffin en *The Empire Writes Back* la consideran «the most common authorial intrusion in cross-cultural texts» (1989: 61).

-Traducción de reseña

Las traducciones de reseña son versiones resumidas de un texto original en traducción.

---

1. Este ejemplo en 1958 tenía sentido ya que ni el cricket ni el Tour de Francia eran conocidos fuera de sus enclaves geográficos. Hoy en día debido a la globalización y el interés por los deportes, esta adaptación carecería completamente de sentido.
2. Walter Scott *Quintin Durward*, Everyman: London, Dent and Sons, 1960: 35.
3. Walter Scott *Quintin Durward*, Madrid: Editorial Ramón Sopena, 1957: 7.

CAPÍTULO 5

Interpretación y traducción audiovisual

Interpretación

La traducción oral o la interpretación, como se la conoce en el mundo profesional, se ha convertido en las últimas décadas en una profesión cada vez más consolidada y bien pagada, con una demanda creciente en este mundo globalizado a pesar de que siempre ha existido, especialmente en la esfera política. Una de las primeras pruebas "tangibles" del oficio de la interpretación es un famoso relieve egipcio en la tumba de Horemheb que data del 1350 a. C., en donde se ve a un intérprete de pie entre Horemheb, el faraón que sucedería a Tutankamón, y el embajador sirio.[1] Tanto es así que en el Antiguo Egipto había incluso un jeroglífico para "intérprete" e "interpretación". En *Anábasis*, Jeofontes, discípulo de Sócrates, describe cómo un grupo de intérpretes hacen de intermediarios culturales y resuelven problemas para los diez mil soldados griegos que marchan por tierras persas en el siglo IV a. C. De hecho existe una línea difusa entre el conocedor de idiomas multilingüe y su condición de mediador lingüístico y cultural: históricamente unos interpretan empujados por una recompensa económica o cultural y otros, como los mestizos cautivos, fueron obligados a la labor. En cualquier caso, la historia está llena de intérpretes olvidados, a la sombra: «muchos de ellos protagonistas de historias singulares que les llevaron a dominar varias lenguas: náufragos, cautivos de pueblos indígenas o nativos que recibieron una educación especial. Sus nombres, en la mayor parte de los casos, permanecen en el olvido» (Soliverdi 2013).

Aunque la interpretación ha existido siempre, son los progresos técnicos y los acontecimientos políticos del siglo XX los que han impulsado su profesionalización y, por ende, el gran número de estudios centrados en entender y explicar su funcionamiento. No sería hasta que se empleó la interpretación consecutiva en las negociaciones de la posguerra en 1945, tras la Segunda Guerra Mundial, que la interpretación, como la conocemos en nuestros tiempos, asienta sus cimientos como profesión. Aunque la traducción simultánea ha existido siempre, en los años veinte nace la versión tecnológica. En 1925 se le ocurre al filántropo Edward Filene utilizar micrófonos y habitaciones aisladas para agilizar la interpretación consecutiva en la Sociedad de Naciones y, en 1926, Gordon Finley, que trabajaba en IBM, patenta el sistema. El primer uso conocido de la interpretación simultánea moderna tiene lugar en el VI Congreso Mundial de la Internacional Comunista celebrado en Moscú en 1922 entre seis idiomas (Gofman en Flerov 2013); para el VII Congreso Mundial de la Internacional Comunista celebrado ya en 1935, la interpretación simultánea se realiza entre 18 idiomas. En 1941 se creó el primer centro de entrenamiento para intérpretes: la Escuela de Traducción e Interpretación (*École de traduction et interprétation*, ETI) en Ginebra, Suiza. Sin embargo, la interpretación como profesión no recibiría pleno reconocimiento hasta los juicios de Núremberg (1945-1946), tras la Segunda Guerra Mundial, cuando León Dostert dirige un equipo de doce intérpretes que trabajaban desde y hacia el alemán, el inglés, el francés y el ruso con auriculares. Desde ese entonces, Dostert siguió trabajando para establecer la interpretación simultánea en Naciones Unidas. Aunque los intérpretes consecutivos llamaban a sus colegas de simultánea "telefonistas", en noviembre de 1947 la Asamblea General de

Naciones Unidas adoptó la interpretación simultánea de forma permanente. Hoy en día, es la Unión Europea el organismo internacional que emplea el mayor número de intérpretes simultáneos; con 24 países y 23 idiomas al que interpretar, existen 552 combinaciones de lenguas posibles. Dada la dificultad de la infraestructura y los enormes costes que este sistema acarrean, la Unión Europea a menudo utiliza intérpretes a través de una tercera lengua, una lengua *pivot*.

De acuerdo con las previsiones del Departamento de Trabajo de EE. UU., entre 2012 y 2022 se espera que la interpretación como profesión crezca a un ritmo acelerado:

> Employment of interpreters and translators is projected to grow 46 percent from 2012 to 2022, much faster than the average for all occupations. Employment growth will be driven by increasing globalization and by large increases in the number of non-English-speaking people in the United States. Job prospects should be best for those who have professional certification (Bureau of Labor Statistics 2014).

En la interpretación simultánea, un intérprete transmite el texto que recibe en la LO casi de forma instantánea (unos dos segundos después de que el orador ha empezado a hablar) a la LM sin tiempo para tomar notas y desde una cabina, preferiblemente equipada con material electrónico (auriculares y micrófono). Hoy, la interpretación simultánea es el método que más se utiliza en las conferencias, así como en situaciones diplomáticas, desbancando a la interpretación consecutiva. En estos lugares, los intérpretes de simultánea interpretan, por norma general, en una dirección, hacia su lengua A; la interpretación inversa o *retour* es el término que se utiliza para la interpretación hacia la lengua B de una persona. Cuando no hay intérpretes suficientes para todas las lenguas implicadas en una conferencia, se recurre normalmente a la interpretación por *relé*. La interpretación por *relé* tiene lugar en las situaciones de interpretación simultánea e implica al intérprete *pivot*, que escucha al orador hablar en la L1 e interpreta a una L2 no solo para un sector del público, sino también para los otros intérpretes que no entienden la L1 y que luego interpretan la L2 a una L3 o L4. Se considera este un trabajo muy estresante para el *pivot* dado que gran parte de la responsabilidad de interpretación recae en su trabajo. La interpretación *cheval* es aquella en la que hay dos cabinas y en donde una sola persona lleva a cabo la interpretación simultánea, alternando de cabina conforme el idioma al que interprete.

La interpretación consecutiva conlleva que un intérprete escuche un discurso de seguido, normalmente entre 2 y 3 minutos llegando incluso hasta 10 o 15 minutos. Debido al gran trabajo de memoria que esto conlleva, los intérpretes deben usar la toma de notas para recordar las ideas, los números y las fechas y aunque hay reglas generales, cada intérprete desarrolla su propio sistema de notas. Mientras que la interpretación simultánea se usa cada vez más en todo el mundo, la consecutiva se emplea en situaciones comerciales bilaterales, en situaciones de servicios sociales como hospitales, reuniones de alto nivel y negociaciones, así como en presentaciones cuando las posibilidades de la interpretación simultánea no están disponibles o son muy caras. A pesar de que en la interpretación consecutiva los intérpretes deben traducir el contenido de la forma más precisa posible, en general esta modalidad transmite una versión resumida del diálogo original.

En 1999, Ferrari desarrolló la interpretación consecutiva simultánea consistente en la grabación de un discurso en un dispositivo personal que un intérprete luego escucha con auriculares y que revierte de forma simultánea. Aunque aún no se utiliza a gran escala, puede llegar a ser una forma de mucha utilidad al permitir al intérprete escuchar el mensaje dos veces: cuando se graba y cuando lo escucha de nuevo a través de los auriculares.

La interpretación a la comunidad conlleva interpretar entre proveedores de servicios, como hospitales, la policía u oficiales de inmigración y sus clientes, ya sea por teléfono o cara a cara. Aunque en la actualidad la interpretación a la comunidad se considera una profesión cada vez más arraigada, la falta de legislación o la falta de personal preparado lleva a situaciones en las que es demasiado frecuente que aquellos que no han recibido un entrenamiento previo, como familiares o amigos, interpreten en encuentros de este tipo. Los intérpretes de comunidad deben interpretar en ambas direcciones, así como solventar los escollos culturales (por ejemplo, interpretar las normas culturales).[2]

La interpretación de conferencia por llamada o interpretación telefónica, como su nombre indica, tiene lugar por teléfono durante una llamada. Suele usarse para situaciones o reuniones que no duran mucho y suele hacerse como interpretación consecutiva. Hay un creciente número de negocios que ofrecen este servicio. Sin duda, esta modalidad refleja el carácter servil de la interpretación.

La interpretación legal o en los juzgados puede ser tanto consecutiva como simultánea o susurrada, y también puede incluir traducción a la vista. La interpretación legal se da en los despachos de abogados y en los juzgados, donde normalmente los intérpretes hablan en primera persona y trabajan en varias direcciones. En España, los intérpretes en juzgados o traductores jurados están certificados por el Ministerio de Asuntos Exteriores y de Cooperación. En Estados Unidos, la *Court Interpreters Act* de 1978 garantiza a quienes presenten dificultades auditivas o que no pueden hablar inglés, la provisión de un intérprete cualificado o certificado (a expensas del poder judicial), en aquellos procedimientos judiciales o casos federales instruidos por Estados Unidos: «for the hearing impaired (whether or not also speech impaired) and persons who speak only or primarily a language other than the English language, in judicial proceedings instituted by the United States» (Court Interpreters Act, 1978).

A finales del siglo XX, el 95 por ciento de los casos federales en Estados Unidos precisaban de un intérprete para hablantes de español (Valero Garcés 1995: 99) y ya entrado el siglo XXI, el español sigue liderando el grupo de hablantes con menor conocimientos de inglés. Según el Instituto de Políticas Migratorias de EE. UU., el 66% de hablantes con menos conocimientos de inglés en 2010 estaba compuesto por hablantes de español, seguido de hablantes de chino, vietnamita, coreano, tagalog, ruso, criollo francés, árabe y portugués (Pandya, Batalova y McHugh 2011: 6).

Aunque en Estados Unidos todo el mundo tiene derecho a un intérprete, la certificación para intérpretes no está legislada en todo el país de forma adecuada o igualada. Es importante subrayar que el sistema legal de Estados Unidos no recoge declaraciones de los demandados en su lengua nativa, solo aquellas que se hablan por sus intérpretes. Eades (2003: 115) explica:

> English is the official language of the legal system in countries studied by most of the scholars whose work is drawn on for this review. Further, legal systems in these countries generally assume monolingualism: for example, where interpreters are used in courtrooms, the official transcript records only the English utterances, so that the original utterances, in a language other than English, have no legal status. This means, for example, that in any appeal proceedings the actual utterance of a defendant during trial is unavailable—it is the interpreter's English version, which is the basis of any legal argument or decision. Morris (1998) reports a parallel situation with Hebrew in the Israeli legal system, as do Nicholson & Martinsen (1997) with Danish in Denmark.

La interpretación de enlace, también llamada interpretación de escolta o bilateral, se da en situaciones donde no hay mucha gente implicada, como en reuniones de negocios o viajes de turismo. En contraste a otros tipos de interpretación, los intérpretes de enlace trabajan solos y deben afrontar toda la interpretación, hacia y desde su LA y LB.

La traducción o interpretación a la vista es la traducción oral de un texto que se está leyendo. Esta modalidad, a caballo entre la traducción y la interpretación, recibe gran número de denominaciones pero como bien explican Jiménez Ivars y Hurtado Albir: «A pesar de su importancia, no existe un consenso claro en la Traductología en cuanto a su denominación, ubicación y variedades existentes» (2003: 48). Es además una modalidad ampliamente utilizada en pedagogía ya que «En la traducción a primera vista intervienen un sinnúmero de procesos tales como el pensamiento analítico, el pensamiento rápido, la memoria, las habilidades asociativas, la producción del habla, etc.» (Pérez Guarnieri 2010).

La interpretación de lengua de signos, gestual o de señales es tanto hablada como gestual y, a diferencia con el resto de la profesión, es una modalidad extremadamente legislada y respaldada. A pesar de ciertos elementos compartidos, no existe una lengua de signos universal. Una característica de la interpretación de lengua de signos es la visibilidad del intérprete, generalmente de pie, por el público sordo.

En la interpretación susurrada o *chuchotage* se susurra directamente al oído, como su nombre indica, de una persona o un grupo pequeño. La interpretación susurrada se hace generalmente de forma simultánea y se utiliza en lugar de la interpretación consecutiva para ganar tiempo.

Un problema común a la interpretación y a la traducción es la intraducibilidad de ciertas palabras y conceptos pero, mientras que un traductor tiene tiempo de encontrar el equivalente más apropiado, los intérpretes deben dar con uno de forma inmediata. Como explica Nolan (2005: 3):

> No translation is ever 'perfect' because cultures and languages differ. However, in practice, the translator is usually held to a higher standard of accuracy and completeness (including the ability to reproduce the style of the original), while the interpreter is expected to convey the essence of the message immediately.

Mientras que la investigación es recomendable en el proceso de traducción, la documentación previa a una interpretación es un proceso ineludible para evitar la intraducibilidad o los términos desconocidos. En cualquier caso, no hay que pasar por alto los problemas que pueden surgir en diferentes momentos de la interpretación, en especial aquellos relacionados con la forma de la comunicación, como la distorsión lingüística.

Traducción audiovisual

La demanda de traducción audiovisual ha crecido rápidamente en gran parte debido al aumento de películas, fuente importante de la industria hoy, y en parte a causa de la globalización. Es indicativo el hecho de que hayan brotado un número importante de centros dedicados a la traducción audiovisual en instituciones académicas por todo el mundo. La traducción audiovisual abarca el doblaje, el subtitulado, el sobretitulado y el *voiceover*, o como también se le conoce, la voz superpuesta o la voz en *off*. La traducción audiovisual es una de las áreas más afectadas por la digitalización y la llegada de los nuevos avances tecnológicos en los estudios de traducción. Por ejemplo, ya no extraña ir a la ópera y tener la traducción por medio de sobretítulos sobre una pantalla alongada sobre el escenario. El *voiceover* es el reemplazo de una voz sobre imágenes. Es frecuente en los documentales, donde se escucha tanto la voz original como la voz traducida (el original se escucha y desaparece poco antes y poco después de que intervenga la voz traducida).

Las películas de hoy están tanto subtituladas como dobladas, y en el caso del DVD, ambas cosas. En las películas mudas no había necesidad: los intertítulos se cambiaban en cada lengua y el público imaginaba a los actores hablando en su idioma. En los albores de la industria cinematográfica, no era una anomalía que se filmaran de nuevo películas en otros idiomas aunque esta práctica cesó pronto por el alto gasto que suponía. Un ejemplo es *Drácula* rodada en 1931. Esta película se rodó dos veces: por la mañana en inglés y por la noche en castellano, utilizando durante los 22 días de filmación los mismos decorados en Universal Studios. Aunque las dos versiones están basadas en guiones prácticamente idénticos, la versión en castellano de Baltasar Fernández Cué es algo más larga (104 minutos en español, 78 en inglés) en parte debido a que Carlos Villarías, que hacía de Conde Drácula, hablaba más despacio que Bela Lugosi. Sin duda, influyó también el modelo de dirección que los dos directores tenían. La versión en inglés la dirigió Tod Browning y la versión en español George Melford, asistido por Enrique Tova Avalos, ya que

Melford no sabía español. Hay que resaltar el hecho de que la versión en castellano no era solo más larga sino también algo más atrevida: los vestidos de Lupita Tovar eran más ajustados y escotados que los de Helen Chandler. Otra diferencia entre las dos versiones tiene que ver con las mordeduras de los vampiros en las víctimas masculinas: mientras que estas no se escondían del público en español, el público de la versión en inglés no tendría ocasión de verlas, se supone que para evitar cualquier referencia posible a la homosexualidad. La labor traductológica de *Drácula* es fecunda: la versión en español, los subtítulos traducidos de la versión en inglés, los subtítulos en inglés de la versión en español, que son de hecho una retrotraducción. Otro ejemplo de una película que se filmó por la mañana en inglés y por la noche en castellano es *Charlie Chan Carries On*, en español *Eran trece* (1931). La versión en español sigue la del inglés al pie de la letra con la excepción de la inclusión de algunas canciones y cambios de los nombres de ciertos personajes. *El ángel azul* (1930), que se rodó de forma bilingüe (en inglés y alemán), sería la primera película sonora europea y con la que Sternberg "descubrió a Marlene Dietrich.

Aunque para mediados del siglo XX se abandonaría la práctica de rodar dos versiones de la misma película por lo costoso del proceso, en 2013 se retomó el modelo doble en la filmación de *Kon-Tiki*. Uno de los razonamientos de los directores de la película, Joachim Ronning y Espen Sandberg, para llevar a cabo este tipo de rodaje tiene que ver con el hecho de la escasa población noruega. «It is unusual, but it makes [economic] sense» afirmaron los directores (Macdonald 2013). Todas las noches después de rodar, los directores y los actores se sentaban con un profesor británico a traducir las escenas del día siguiente que se rodaron primero en noruego y después en inglés, siempre con el mismo elenco de actores.

El doblaje o resonorización es la sustitución de diálogos en películas y se hace preferiblemente desde guiones (algunas veces acompañado por notas que aclaran la jerga), desde subtítulos o, en el peor de los casos, se saca de oído. Después de que el traductor haya traducido el diálogo, el ajustador del guión modifica la traducción y la adapta. Esto muchas veces conlleva acortar las traducciones, puesto que son siempre más largas que el original, y luego se sincronizan los diálogos para cuadrarlos con el movimiento de la boca de los actores.

El doblaje es una preferencia cultural, aunque algunos estudios apuntan a que se prefiere en países con un nivel de analfabetismo mayor y, aunque es más caro que la subtitulación y crea mayores cambios en el guión original que esta, la mayor parte de Latinoamérica, España, Italia, Francia, Alemania, Austria y Suiza abogan por el doblaje.[3] Holanda, Bélgica, Grecia, Dinamarca, Polonia, Finlandia, Suecia, Noruega y Portugal prefieren la subtitulación. La preferencia de España por las películas dobladas comenzó en los años 30 y siguió bajo el régimen de Franco que, ansioso por implementar el español sobre otras lenguas españolas y consciente de la oportunidad de echar mano de la censura, decretó en 1941 que todas las películas extranjeras debían subtitularse. La ley rezaba:

> Queda prohibida la proyección cinematográfica en otro idioma que no sea el español. . . El doblaje deberá realizarse en estudios españoles que radiquen en el territorio nacional y por personal español.

España, Francia, Italia y Alemania subvencionan las películas en sus propios países y tienen partidas de importación preventivas destinadas a luchar contra la monopolización de la industria del cine (y televisión) de Estados Unidos. Es importante señalar que hay un alto índice de películas localizadas o con doblaje intralingüístico, que es el doblaje de películas en el mismo idioma, frecuente entre el francés de Francia o el de Quebec y el español de España y el de Hispanoamérica, práctica impulsada para hacerlas más rentables. Donde más se dobla en Hispanoamérica es México y Argentina.[4] En cualquier caso, los críticos de cine desdeñan el doblaje por domesticar la cultura original de las películas. Según Díaz Cintas (2003), son las películas infantiles las que reciben el mayor número de doblajes localizados; por ejemplo, en México está legislada la obligatoriedad de doblar las películas infantiles en parte para impulsar el cine nacional. Aunque no es fácil hacer comparaciones, hay quien afirma que el doblaje en México utiliza un español más neutral que el de España que utiliza un mayor número de expresiones propias de España pero desconocidas en Latinoamérica.

Los subtítulos son la traducción escrita que aparece en la parte inferior de la pantalla y es el sistema que prefieren algunos de los países con mayor alfabetización de Europa. Es recomendable para los que presentan dificultades auditivas y, potencialmente, para los que aprenden idiomas. A pesar de que la subtitulación condensa el mensaje y aunque el leer los subtítulos mientras se mira el resto de la película ocasiona mucho más cansancio y distracción, se considera que interfiere menos con la película en sí ya que se puede escuchar en su plenitud: música, ruidos de fondo, voces, entonación y estilo. Es por esto que los subtítulos se consideran una técnica de traducción mucho menos domesticada que el doblaje y, por tanto, los críticos de cine la prefieren. Una ventaja importante de la subtitulación es que es un proceso menos caro que el doblaje.

Los subtítulos tienen limitaciones espaciales y temporales: están en pantalla entre cinco y siete segundos,[5] tan solo dos líneas en un plano, con un máximo por línea de 70 caracteres con espacios (35 sin espacios). Otras reglas de subtitulación incluyen:
- no empezar las frases con números
- escribir con letras los números del uno al nueve
- intentar que las preguntas y las respuestas aparezcan en el mismo plano
- usar guiones para los diferentes hablantes en un mismo fotograma
- emplear cursivas para las intervenciones fuera de pantalla (por ejemplo, por teléfono) o para palabras extranjeras
- recurrir a las mayúsculas para referirse a carteles, y utilizar comillas y cursivas para transmisiones o canciones
- utilizar la elipsis (. . .) al final de un fotograma para indicar un pensamiento incompleto y utilizarla al principio de un fotograma señala que el diálogo proviene de la escena anterior (por tanto, la oración que le sigue no empezará con mayúscula)

- usar un punto para marcar el final de la lectura e indicar al espectador que puede volver a la imagen
- evitar, cuando sea posible, separar nombres y adjetivos de un fotograma al siguiente.

Es importante que un subtitulador retenga la estructura lingüística original tanto como sea posible y que los subtítulos acompañen a las imágenes tanto como sea posible, una práctica que podría requerir la condensación de los mensajes. Algunas estrategias para acortarlos incluyen pasar las oraciones pasivas a activas, las negativas a afirmativas o usar apóstrofos (en inglés).

Es práctica común justificar los subtítulos a la izquierda de la pantalla en películas, pero en el formato DVD se centran, a no ser que se trate de un diálogo, en cuyo caso también está justificado que aparezcan a la izquierda. Muchas películas tienen diferentes subtítulos en la pantalla y en los DVD (debido a una gran variedad de razones). Las películas tienen entre 900 y 1000 subtítulos, mientras que los DVD tienen unos 800; las versiones televisivas tienen incluso menos, entre 700 y 750.[6] Algunas películas pueden incluso tener dos tipos de subtítulos en diferentes idiomas a la vez, como en el caso de Israel o China. Un dato interesante: los subtituladores de películas trabajan principalmente desde guiones, pero los de televisión trabajan directamente con los vídeos.

---

1. En el Antiguo Egipto ya se consideraba a los intérpretes un gremio profesional. En el siglo V a. C. escribe Heródoto en *Historias* (vol. 2: 164): «Ahora de los egipcios hay siete clases, y de estas una es la de los curas, y otra la de los guerreros, mientras que las otras son las de los vaqueros, porqueros, tenderos, intérpretes y pescadores».

2. Los servicios sociales y demás profesionales relacionados con el gremio están realizando un gran esfuerzo para conseguir que sean intérpretes profesionales los que sustituyan a los traductores espontáneos como familiares, amigos o voluntarios sin formación previa. El agravio es peor cuando se trata de niños, para los que la interpretación en la familia puede ser emocionalmente estresante.

De acuerdo con el título VI de la Ley de Derechos Civil de 1964 de EE. UU.: «No person in the United States shall, on the ground of race, color, or national origin, be excluded from participation in, be denied the benefits of, or be subjected to discrimination under any program or activity receiving Federal financial assistance». Siguiendo esta normativa, el Presidente Clinton firmó en 2000 el Decreto 13166 que exige que las agencias que reciben dinero federal cumplan con el Título VI y que garanticen la accesibilidad a los servicios de salud a todo el mundo, incluyendo a aquellos con capacidad limitada en inglés. Se entiende que este Decreto señala que los pacientes con capacidad limitada en inglés deben recibir servicios de traducción sin coste para ellos.

3. Sin embargo, en algunos países en donde el doblaje ha sido la norma (por ejemplo, España), la subtitulación está ganando aceptación.

4. Según la ley argentina n° 23316 de 1986 que establece la obligatoriedad del doblaje: «El doblaje para la televisación de películas y/o tapes de corto o largometraje, la presentación fraccionada de ellas con fines de propaganda, la publicidad, la prensa y las denominadas "series" que sean puestas en pantalla por dicho medio y en los porcentajes que fija esta ley, deberá ser realizado en idioma castellano neutro, según su uso corriente en nuestro país, pero comprensible para todo el público de la América hispano hablante».

5. Como en la traducción escrita, es importante conocer al público meta. Los adultos son lectores más rápidos y los subtítulos de una línea no deberían estar en pantalla más de seis segundos (las líneas de una sola palabra incluso menos), ya que tenderán a releer la líneas; sin embargo, los niños son más lentos y por tanto necesitan más tiempo para leer los subtítulos.

6. Un número creciente de películas en castellano, como *Mar adentro*, de Alejandro Amenábar, tiene tres tipos de subtítulos: español (para personas con dificultades auditivas), español e inglés.

CAPÍTULO 6

Herramientas para la traducción
(español-inglés)

El proceso de traducción por el que un texto pasa de una lengua a otra aún no se puede explicar en su integridad a día de hoy. Sin embargo, el proceso que traductores tanto noveles como experimentados, toman al traducir incluye multitud de factores como los extralingüísticos, la identificación del lector prospectivo, el objetivo del texto y, en el caso de los textos literarios, el escritor o la época. Robinson (2000) habla sobre las cualidades y la experiencia que los traductores desarrollan en su oficio, su responsabilidad para absorber la información en el mundo que les rodea y también el papel que juega la memoria. Al respecto escribe:

> Translation is always an *intelligent* behavior—even when it seems less conscious and analytical. Translation is a highly complicated process requiring rapid multilayered analyses of semantic fields, syntactic structures, the sociology and psychology of reader- or listener-response, and cultural difference. Like all language use, translation is constantly creative, constantly new. Even translators of the most formulaic source texts, like

weather reports, repeatedly face novel situations and must engage in unexpected problem-solving (Robinson 2000: 50).

El proceso de traducción desmitificado

Idealmente, un traductor no debe empezar a traducir hasta que se haya leído el texto entero, prestando mucha atención al tema, al registro, al estilo, al matiz del vocabulario (cognados, colocaciones, modismos, etcétera), así como a cualquier otra característica recurrente o extraordinaria. (Si el traductor aún es un aprendiz del idioma, debería prestar especial atención a los tiempos verbales, a las conjunciones, a los complementos directos e indirectos y a los modismos). Además, el traductor ha de tener en cuenta la audiencia a la que va destinada la traducción y el propósito de esta. El traductor menos experimentado identificará unidades de traducción más cortas y el más experimentado, unidades más largas. Este último también aplicará estrategias y técnicas de traducción de forma inconsciente, mientras que el traductor novel tendrá que estudiar el texto fuente, atento a cada aspecto del proceso de traducción.

En el proceso de traducción, la documentación es una herramienta vital que en demasiadas ocasiones se subestima. Los traductores necesitan conocer cómo emplazar y manejar la información y utilizarla de forma correcta para tomar las mejores decisiones traductológicas. Las herramientas de un traductor incluyen diccionarios monolingües y bilingües, tesauros, acceso a diccionarios especializados o bases de datos (en línea o en formato de libro) y conocidos y familiares, elementos también subestimados. La metáfora de Walter Benjamin, que compara el proceso de traducción con un jarrón roto que se repara pero que nunca queda igual es frustrante, pero la documentación es uno de los mejores pegamentos: no solo los diccionarios son importantes, sino también los trabajos del mismo autor, los trabajos sobre el mismo tema y del mismo período.

Los criterios para una traducción "correcta" o "incorrecta" pueden ser tan amplios como la interpretación de la idea de fidelidad o precisión o la función que va a tener el texto meta en la cultura meta. La calidad de una traducción está guiada normalmente por los cánones de precisión; es decir, las normas culturales, los diccionarios, las agencias gubernamentales, las academias, etcétera, contra las que se miden las traducciones en la cultura doméstica (Venuti 1998: 83). La retrotraducción es un método común de estimación que se utiliza en investigación, en negocios y en grandes organizaciones, como la Organización Mundial de la Salud, para verificar la "equivalencia" de las traducciones. Este es un proceso por el que algunos tramos determinados del texto meta se vuelven a traducir a la lengua original por un traductor diferente que no ha leído el TO. Los dos textos se comparan posteriormente para descubrir esos puntos en los que no hay equivalencia.

Finalmente, los textos meta se benefician del distanciamiento de la fuente. Una vez que el traductor ha finalizado la traducción, conviene distanciarse de ésta y volver a ella al cabo de unos días, ya sin compararla con el original, para ver cómo "fluye". ¿Suena como la lengua original o como la lengua meta? ¿Tiene sentido? ¿Tiene las características del texto original, sociolectos, ironía, connotaciones específicas, etcétera?

Retos comunes para los traductores de español-inglés

Cuanto más novato sea el traductor o el aprendiz de la lengua, mucha más atención deberá prestar a los matices durante el traspaso de lenguas, en especial para salvar la falta de experiencia. «[T]he ability to analyze a source text linguistically, culturally, even philosophically or politically is of paramount importance to the translator» (Robinson 2000: 246). Además, no debe sorprender que el TM sea casi siempre más largo que el TO—se supone que la falta de equivalencias exactas lleva al traductor a usar más palabras para rellenar las lagunas de significado. Esta sección subraya estos y otros problemas sobre los que los traductores de español-inglés deben ser más conscientes.

En el proceso de traducción, el traductor debe no solo elegir el léxico, la sintaxis y los equivalentes culturales más adecuados, sino que a veces deberá elegir el período o tiempo en el que sitúa el nuevo TM. Aunque las traducciones no suelen cambiar el género del texto, sí sucede a veces con la poesía donde, a causa de las cualidades inherentes a la lírica, como el ritmo, la aliteración o la métrica, es práctica común que se traduzcan poemas como narraciones. Sin embargo, también es verdad que un mismo género no necesariamente lleva a la equivalencia. Un caso en concreto son los sonetos en inglés y español cuya composición es de hecho distinta. El soneto en español está compuesto por 14 versos endecasílabos (11 sílabas), con una estructura de *abba, abba, cdcdcd* mientras que el soneto en inglés, aunque también de 14 versos, está compuesto por versos en pentámetro yámbico (es decir, cinco pies, cada una de dos sílabas, una no acentuada y la otra sí), con rima *abab, cdcd, efef, gg.* Como explica Sayers Peden:

> For reasons that are unclear to me, an hendecasyllabic line translated into English almost inevitably adjusts to four feet. Thus it becomes necessary for the translator to "pad" the lines, to add intrusive materials, in order to make the Spanish edifice conform to English style (Sayers Peden 1989: 25).

Gregory (1980) afirma que la equivalencia en el registro es, sin duda, el factor más importante en el proceso de traducción. La noción de registro es primordial porque el lenguaje varía de acuerdo con características sociales específicas, dependiendo del tema, de los participantes y del medio de comunicación (Halliday 1978). Hay diferencias e implicaciones significativas al elegir entre opciones como *¿Cómo está usted?, ¿Qué tal, cómo estás?* o *Eh tío ¿qué tal?*

Al igual que con el registro, los traductores deben ser conscientes del tipo de dialecto en un TO y en un TM pero, a diferencia del registro, encontrar una correspondencia dialectal exacta es más difícil, porque «many cultures do not have a dialect which has comparable cultural functions or connotations» (Fawcett 2003: 120). Un dialecto es una variedad de una lengua característica de un grupo específico de personas; aquellos que se deben a diferencias geográficas o regionales se denominan regionalismos, los que se basan en factores socioculturales se denominan sociolectos, y los idiolectos son variedades idiomáticas individuales. Cuando una lengua o país no tiene un dialecto escrito, es común que se utilice un sociolecto en traducción. Muchas veces, como Berman (2003: 294) subraya: «the traditional method of preserving vernaculars is to exoticize them»; por ejemplo, con un procedimiento tipográfico como las cursivas. En lo que concierne al español y al inglés, este último retrata a los oradores "incultos" por medio de los errores gramaticales, mientras que los españoles lo hacen por el acento o dialecto.[1] Sin embargo, la estandarización o normalización son las dos estrategias más frecuentes que surgen a raíz de la traducción de variedades lingüísticas, a menudo impuestas por los editores (Federici 2011).

Un caso que ejemplifica las normas impuestas por los editores es la última traducción a castellano de *The Grapes of Wrath* por Pilar Vázquez. La intención de la traductora para *Las uvas de la ira* fue crear una especie de "habla popular neutra" ya que lo que prima en esta novela son cuestiones de dialectos, sociolectos e idiolectos. Según la traductora (en una comunicación personal):

> Lo que intenté hacer fue crear una especie de "habla popular neutra", sin connotaciones regionales precisas, utilizando construcciones sintácticas o morfológicamente incorrectas, vulgarismos, modismos populares comunes, formas desusadas, palabras mal dichas ... etc., que se pueden encontrar en casi todas las variedades del español peninsular. Es decir, en los diálogos (y sólo en los diálogos, claro), intenté utilizar "los usos" (aún incorrectos) más que "la norma".

Sin embargo, la traducción final solamente conserva un 60% de este "habla popular neutra" que la traductora creó para la novela de John Steinbeck. Por ejemplo, la editora le impidió utilizar en la versión final la inversión de los pronombres *me se* por "se me", hartamente utilizadas por autores españoles como Miguel Delibes o Rafael Sánchez Ferlosio.

La siguiente lista (comunicación personal), que Vázquez mandó a su editora para que no se "corrigieran" las "incorrecciones" de *Las uvas de la ira* es un documento excepcional ya que permite ver la minuciosidad de los traductores profesionales:

LISTA PARA EL EDITOR:
Tratamientos entre los personajes. Controlar que no hay incoherencias.
- Los padres a los hijos (familia Joad), de tú
- Los hijos a los padres, de usted
- Los padres con los abuelos, de usted
- Los abuelos con los padres, de tú
- Los hijos al tío, de usted
- Los hijos llaman "madre" y "padre" a sus padres, salvo los dos pequeños que los llaman "mama" y "papa"
- Toda la familia con el predicador, de usted
- El predicador trata de tú a los hijos y de usted a los padres
- La familia con la mayor parte de la gente que se encuentra, de usted. Pero hay muchas excepciones:
    ~ Tom con Muley (cap.2) de tú ambos. Muley con la familia, de tú
    ~ Tom y Al con Floyd Knowes (cap.20), de tú
    ~ Tom con los jóvenes de Weedpatch, de tú; con los mayores, de usted
    ~ Hay veces en las que en una misma conversación, Tom trata de tú a uno y de usted a otro, como con Wilkie y Timothy Wallace

Habla de los personajes: He optado por no utilizar cursivas ni para las palabras apocopadas ni para los errores gramaticales. Algunas palabras mal dichas, sí que llevan cursiva. Hay que tener cuidado al pasar el corrector, si lo vas a pasar, porque corregirá algunas de las faltas intencionadas, por ejemplo la inversión de los pronombres: "me se" por "se me" o "te se" por "se te". Ojo: los personajes hacen distintos tipos de incorrecciones. Por ejemplo, el camionero del principio no es leísta, pero la camarera sí lo es y Tom Joad también. El predicador tiene una forma de hablar más o menos normalizada. A veces, comete algún error pequeño, sin embargo, y en alguna rara ocasión, apocopa 'nada' en *na

- Formas apocopadas: Ninguna de ellas sustituye a la forma completa en los diálogos; se utilizan de vez en cuando, dependiendo del contexto
    - *na por 'nada'
    - *pa por 'para'
    - *pal por 'para el'
    - *mu por 'muy'
    - *pallá por 'para allá'
    - *pacá por 'para acá'
- Pronombres:
    - Leismo y laismo (sobre todo la familia, y los de la misma zona)
    - Inversión de *me se* por 'se me' o, raramente (los niños) *te se* por 'se te'. No lo hacen todos los personajes. Fundamentalmente, la familia Joad
    - Uso de 'se' en lugar de 'os' en las formas imperativas. Por ejemplo, *lavarse en lugar de 'lavaros' o *mejor se vais en lugar de 'mejor os vais'. Lo hace sobre todo Madre
- Verbos:
    - Utilización de la forma personal para verbos impersonales: *yo me gusta, *yo no me importa, *yo me parece . . . Bastante generalizada en todos los personajes
    - Algunos participios en "ao" (*cansao, *mareao . . .), pero no sistemáticamente
    - En el verbo ser: *semos por 'somos' (no siempre, no todos los personajes, sólo algún secundario)
    - Uso del infinitivo en lugar del imperativo
    - Uso del presente de subjuntivo en lugar del pasado simple de indicativo en los verbos en -ar. *Pasemos por 'pasamos'
    - Algunas formas incorrectas en verbos irregulares: *andé por 'anduve', *andamos por 'anduvimos', etc. . . .
    - En 'haber' impersonal, concordancia del plural: *habian muchos por 'habia muchos'. Y también del tiempo: *hubieron muchos
    - En 'haber' como verbo auxiliar: *habemos por 'hemos'; *fuera por 'hubiera'; *haiga por 'haya'; *hais por 'habéis'
    - Uso de haber en lugar de ser: *habemos cinco, por 'somos cinco'
    - Uso del imperfecto en lugar del condicional en la segunda parte de las condicionales
    - s añadida en la 2ª per. sing. del indefinido: *Vinistes por viniste
- Relativos
    - sin preposición. Por ejemplo: *recuerdo uno que . . . , en lugar de 'recuerdo uno que . . . .'
- Otras estructuras incorrectas
    - *Mientras más, *contra más y *entre más en lugar de 'cuanto más . . . .'
    - Duplicación de 'que': ¡qué bonita que es!
    - *Más pronto, por 'antes'
    - *Más malo, por 'peor'

~ *Tampoco no, por 'tampoco'

~ Quedar, por 'dejar'

~ Cuando + pres. subj, en lugar de pasado compuesto. (*Cuando comas, en lugar de 'cuando hayas comido')

- Modismos

~ Uso de "como" en lugar de si condicional. "Como no tengas . . . no puedes", en lugar de 'Si no tienes . . . no puedes'

~ "De que" por 'en cuanto'

~ "En cuanto que

~ "En lo que" en lugar de 'mientras'

~ "A la que" por 'en cuanto'

- Palabras mal dichas:

~ *asín por 'así' (Muley y algún per. sec.)

~ *naide por 'nadie' (sólo lo dicen los abuelos, que desaparecen pronto, Muley, un personaje secundario que aparece en un solo cap. y el tío John, que habla poco). Controlar que es consistente en todo el libro

- Las siguientes sí que van en cursiva: si alguna no la lleva, ponérsela

~ *poblema por 'problema' (varias veces)

~ *apendís, por apéndice (1 vez)

~ *creaturita por 'criaturita' (1 vez)

~ *elétrica por 'eléctirca' (1 vez)

- *aradio (o arradio?) (1 ó 2 veces)

- *esmayado/s por 'desmayados' (varias veces)

- *exato (1 vez)

- *corroyernos y corroya por corroernos y corroa (1 vez)

- etc.

- Formas anticuadas o arcaicas

~ "A más" por 'además'

~ "Adonde" o "a donde" por 'en donde'

~ Aquí riba, orilla de, por cima, ahí bajo

- Vocabulario

~ Palabras o expresiones anticuadas o rurales, como "Ni por pienso", etc. . . . ¡No cambiarlas!

OJO: En los llamados capítulos intercalados, no se mantiene el mismo registro "popular". Es una voz coral normalizada. No se deben poner guiones. (Salvo cuando hay diálogos expresos, que entonces sí he puesto los guiones correspondientes a las comillas de diálogo del original.)

- Vocabularios especializados:

~ Motor. Está muy trabajado, pero controlar por si acaso.

~ Términos relativos al algodón. No cambiarlos. Están investigados.

~ Términos agrícolas. Creo que están bien, pero controlar, por si acaso, sobre todo lo referente a los tractores.

- Medidas:
  ~ palmo (sustituye a pulgada / "inch")
  ~ pies (feet)
  ~ milla (mile)
  ~ acre (acre)
  ~ litros (en lugar de galones).

Como esta lista ilustra, los "errores" de una traducción no son siempre culpa del traductor. Habría que preguntarse si la eliminación del monólogo interior en las primeras traducciones a castellano de *Absalom, Absalom!* de William Faulkner se deben al traductor o al editor, temeroso de presentar una forma literaria demasiada innovadora en ese momento. De cualquier caso, la incorporación de puntuación y demás procedimientos mecánicos para distinguir visualmente entre una frase y otra afectaron la integridad de la obra del autor modernista y privó a los lectores en español de conocerla como fue escrita (Manella 2000).

Las frases hechas pueden traducirse de dos formas: tanto siguiendo la LO como siguiendo la LM. Vennewitz (1993: 96) habla de encontrar homólogos para los ritmos de las nanas, canciones, sintonías: «para aportar la misma respuesta que el autor da al comunicarse con el lector en su lengua». Bosch Benítez (2002: 135) explica que el primer paso al traducir este tipo de textos es identificar su tipo:

> Reconocer la forma o tipo textual a que responde una estructura poética dentro de un cuento supone haber resuelto la mitad del problema, la otra mitad consiste en analizar la función que cumple en el texto.

En el núcleo del proceso de traducción está la idea del significado textual. El significado literal es una cosa pero, como Hervey et al (2001: 98) nos recuerdan:

> In actual fact, the meaning of a text comprises a number of different layers: referential content, emotional colouring, cultural associations, social and personal connotations, and so on. The many-layered nature of meaning is something translators must never forget.

Además, las ambigüedades (p. ej.: *El artista festejará sus 50 años cantando*), pueden ser frustrantes y problemáticas tanto para los traductores noveles como para los experimentados. Para resolver estas ambigüedades, debe tomarse como referencia tanto la información explícita como la implícita. Una causa frecuente de ambigüedad es la polisemia, que es la condición de las palabras que tienen más de un significado (p. ej.: en inglés *hot* puede significar caliente, picante o sexy; en español *gato* puede referirse al animal felino, a la herramienta que levanta objetos pesados, a una danza argentina, a un juego, un tipo de submarino o un apodo para un madrileño). De hecho, la noción de información implícita es difícil de considerar dado que cada lengua tiene su propia visión del mundo: se dice que el inglés es más objetivo e impersonal, que prefiere subrayar las formas, mientras que del español se dice que es más subjetivo y anárquico y que prefiere subrayar la dirección. La implicitación comprende no traducir aquello que puede entenderse por el contexto (p. ej.: *marble topped tables* > *mesas de mármol*, Valero Garcés 1995: 71). Sin embargo, la explicación en traducción de aquello que está implícito en la LO pero que hay que explicar para que no se comprenda erróneamente o para que no se pierda el significado (p. ej.: *She nodded* > *Asintió con la cabeza*) es una estrategia bastante extendida en traducción (Klaudy y Károly 2005). Como nos recuerdan Zaro y Truman (1999: 34), la inferencia es esencial a la hora de "comprender" un texto:

> El uso sistemático, prudente, y cuando es necesario, contrastado de la inferencia es, sin duda, uno de los rasgos que diferencian al traductor experto del novel, mucho menos capaz de inferir significados y, por consiguiente, necesitado de otros. . . sobre todo, la consulta.

En cuanto a la búsqueda de equivalencias culturales, esto no solo abarca conceptos sino también los términos que los engloban. Un ejemplo ilustrativo es lo que le costó a Langston Hughes encontrar un equivalente en inglés para el uso que hace el cubano Nicolás Guillén de "negro" en el poema "Ayé me dijeron negro". En los años 40, cuando Hughes llevó a cabo la traducción (con la ayuda de Ben Carruthers), estos tenían a su alcance "Negro", "black", "nigger" o "darky" como posibles equivalentes. Sin embargo, a la hora de elegir entre una u otra, entraron en juego la época, el lugar de la traducción, los supuestos destinatarios, las connotaciones, además de las circunstancias personales del poeta. Como explica Kutzinski (2004), la preocupación del poeta afroamericano y líder del Renacimiento de Harlem por su reputación política y su carrera literaria influyeron de manera significativa en los riesgos que estaba dispuesto a tomar Hughes (editor también del volumen), optando finalmente por el más convencional "darky".

Los falsos amigos y cognados resultan engañosos, en especial para los traductores que están aprendiendo un idioma por lo que hay que estar vigilantes en todo momento. Los cognados son palabras similares en apariencia y con el mismo significado, usualmente porque tienen el mismo origen (p. ej.: *star–estrella*). Los falsos amigos, sin embargo, son falsos cognados porque se parecen en la forma pero tienen un origen diferente (*much* [del inglés antiguo: *micel*]–*mucho* [del latín: *multus*]), o han evolucionado de forma diferente y tienen un significado distinto (p. ej.: *library–librería*; *college–colegio*; *actual–actual*; *condone–condenar*; *realize–realizar*). El reconocimiento de las unidades fraseológicas es esencial en traducción; lo mismo pasa al traducir colocaciones en el orden de palabras correcto en la LM (p.ej.: *blanco y negro* > *black and white*; *safe and sound* > *sano y salvo*).

Las lenguas varían significativamente en los detalles más pequeños y los traductores deben ser precavidos en cada aspecto del TO para adecuar los textos. Por ejemplo, en las onomatopeyas[2] (*guau*), en las exclamaciones (*¡Encima!*), en las palabrotas[3] (*¡Mierda!*), en las frases hechas (*John Doe*), en los eufemismos[4] (*derrière*), en las expresiones (*to feel blue*), en los dichos (*El* *que se pica, ajos come*), en las fórmulas (*Sincerely yours*), en la manera de dirigirse a otros (*Su Ilustrísima*) o en cuestiones culturales (*siete vidas tiene un gato—a cat has nine lives*).

Un problema frecuente en traducción es el de las citas, incluso las más conocidas. Encontrar la traducción más adecuada de una cita conocida, puede conllevar un camino engorroso, incluso con líneas tan famosas como la que Shakespeare pone en boca de Hamlet. *To be or not to be, that is the question*, tiene un sinfín de traducciones: *Ser o no ser, he aquí la cuestión / Ser o no ser, he ahí la cuestión / Ser o no ser, he aquí la gran duda / Ser o no ser, esa es la cuestión / Ser o no ser, he allí el problema*, etcétera.

La atención que se presta al trabajo de los traductores se puede medir visualmente por su presencia en las cubiertas de los libros y en las citas de referencia; afortunadamente, estos cada vez reciben mayor atención. Al referenciar o citar traducciones, la práctica habitual es dejar constancia de que es una traducción. En la bibliografía, la forma de citar depende de la razón de la referencia. Es posible referenciar bien al escritor original o al traductor.

Los nombres plantean multitud de retos particulares para los traductores y a pesar de que no hay una estrategia fija para la traducción de nombres, la tendencia en los últimos años es conservarlos; es decir, dejarlos como en el original. Sin embargo, hay muchos casos en los que deben o pueden sustituirse y traducirse—siempre que no se esté aplicando una estrategia extranjerizadora en el texto. Como bien indica El Kiri (2013), otros problemas de la traducción de nombres tienen que ver con los relacionadas con los niveles fonéticos y morfosintácticos de estos, su carga connotativa y la asimetría cultural. Las que siguen son algunas recomendaciones:

1) Muchos nombres tienen un equivalente en la lengua meta (*María–Mary*), pero los traductores pueden optar por una traducción creativa, como en la literatura para niños, donde el significado, el sonido y la cultura pueden estar en conflicto entre sí. En el caso de la serie *Harry Potter* de J. K. Rowling uno de los problemas más difíciles es la traducción

de nombres. Por ejemplo, en *Harry Potter and the Chamber of Secrets* (1998) se menciona por primera vez a Tom Marvolo Riddle, el archienemigo de Harry Potter. Solo descifrando su nombre como un anagrama es posible darse cuenta que este realmente está anunciando: «I am Lord Voldemort». Para su traducción a más de 60 idiomas que se han realizado, todos los traductores tuvieron que jugar de alguna forma con el nombre para crear las mismas posibilidades. Así en la versión en castellano de *Harry Potter y la cámara de los secretos* (1999), para leerse «Soy Lord Voldemort», los traductores Adolfo Muñoz García y Nieves Martín Azofra le dan al personaje el nombre de Tom Sorvolo Ryddle.[5]

2) Figuras históricas, como los reyes o santos deben traducirse siempre que haya un equivalente (*Santiago–St. James*).

3) La mayoría de títulos profesionales, religiosos, militares o reales tienen un equivalente (*first lieutenant–teniente*).

4) El nombre del Papa se traduce siempre (*El papa Francisco–Pope Francis*).

5) Los organismos internacionales se traducen normalmente (*United Nations > Naciones Unidas*), mientras que las empresas privadas no (*Burger King* en España o *Chupa Chups* en Estados Unidos).

6) Los acrónimos a veces se convierten en préstamos naturalizados en la LM; p. ej.: la CIA (*Agencia Central de Inteligencia*) o la FAO (*Organización de las Naciones Unidas para la Agricultura y la Alimentación*) en español. Algunas abreviaturas no se transfieren a la LM con la misma forma; p. ej.: " (*minutos o pulgadas*), ' (*pies u horas*), o fdo. (*signed*).

7) No hay una fórmula fija para traducir los nombres geográficos pero, si una calle o ciudad es conocida y tiene un equivalente, se traduce (*New York > Nueva York; Fifth Avenue > la Quinta Avenida*).

8) Las *plazas* o *squares* no se traducen normalmente (*The Mothers of the Plaza de Mayo*; *Trafalgar Square*).

9) Los nombres con carga semántica habrán de transferirse a la LO (*Neverland* > *País de Nunca Jamás*).

10) Los títulos deben traducirse siempre, a no ser que sean muy conocidos en la lengua original (p. ej.: en latín, *Ars poetica* de Horacio), para asegurar todas las posibles lecturas. Si el título de un libro no se ha traducido, el traductor y editor decidirán su traducción. Hay ocasiones, sin embargo, en las que los títulos pueden tener más de una versión, como la obra de Tomás Rivera . . . *y no se lo tragó la tierra*, que primero se tradujo como: . . . *and the Earth Did Not Part* (traducido por Herminio Ríos), . . . *and the Earth Did Not Devour Him* (traducido por Evangelina Vigil-Piñón), *This Migrant Earth* (traducido por Rolando Hinojosa) y la película como . . . *and the Earth Did Not Swallow Him*.

11) La traducción de títulos de películas no sigue normas claras o específicas, especialmente en España donde, en este sentido, la motivación parece ser menos literaria y más comercial o fortuita. De acuerdo con Santoyo (1996: 147): «Uno de nuestros vicios nacionales a lo largo de este siglo ha sido el de trastocar los nombres de prácticamente todos los filmes que llegaban de allende de nuestras fronteras». Santoyo (1996: 147-153), enumera otras tendencias que los títulos de películas han registrado en la traducción:

Título original	Traducción expandida
Huckleberry Finn	*Las aventuras de Huckleberry Finn*
Queen Christina	*La reina Cristina de Suecia*

Título original	Traducción comercializada
Her Friend the Bandit	*Charlot, ladrón elegante*

The Cure   *Charlot en el balneario*

Título original   **Traducción "creativa"**
Bruce Almighty   *Como Dios*
The Sound of Music   *Sonrisas y lágrimas*
Moon over Miami   *Se necesitan maridos*

Título original   **Traducción naturalizada**[6]
Mississippi   *El cantor del río*
Rosemary's Baby   *La semilla del diablo*

Título original   **Traducción romántica**
Night Song   *Mi corazón te guía*
The Best of Everything   *Mujeres frente al amor*

Título original   **Traducción intrépida**
Tarzan and the Amazons   *Tarzán y las intrépidas Amazonas*
Room Service   *El hotel de los líos*

Título original   **Traducción provocativa**
Model Wife   *Mi mujer no es soltera*
Waltz of the Toreadors   *El mayor mujeriego*

Título original   **Traducción moralizante**
Let's Make Love   *El multimillonario*
Four Walls   *No hay crimen impune*

Título original   **Traducción literal**[7]
Wild Strawberries   *Fresas salvajes*
One flew over the Cuckoo's Nest   *Alguien voló sobre el nido del cuco*

Título original   **Traducción tremendista**
Under My Skin   *Venganza del destino*
Sleep, My love   *Pacto tenebroso*
You'll Like My Mother   *Pesadilla en la nieve*

Análisis contrastivo español e inglés

Un análisis contrastivo puede ofrecer una percepción más apurada de los cimientos de la lengua y, por extensión, genera directrices constructivas en el proceso de traducción. Esta sección repasa algunas de las mayores diferencias entre el inglés y el español, organizadas en tablas. La Tabla 6.1 proporciona una idea generalizada de ambos idiomas, mientras que la Tabla 6.2 compara sus características discursivas y estilísticas. En la Tabla 6.3 se contrastan aspectos gramaticales específicos del español y el inglés y en la Tabla 6.4 cuestiones de formato y mecánica. La Tabla 6.5 atiende a cuestiones de domesticación y extranjerización utilizando medidas y otras expresiones numéricas para mostrar las opciones al alcance de los traductores.

Tabla 6.1 Comparación español-inglés: datos generales

	Español	**Inglés**
Origen	Indoeuropeo, base latina	Indoeuropeo, base germánica
Alfabeto	27 letras	26 letras
Signos diacríticos	Sí	No (solo los extranjeros)
Hablantes nativos	420 millones[8]	335 millones
Hablantes mundiales	500 millones	508 millones
Países donde se habla	31 países	99 países
País con más hablantes	México	EE. UU.
Clichés	Ornamentado, apasionado;[9] mejor para el drama; explica la realidad	Llano, fáctico; encaja mejor en la ciencia y los negocios; representa la realidad

Tabla 6.2 Comparación español-inglés: discurso y estilo

	Español	**Inglés**
Punto de vista	Más subjetivo; anárquico	Más objetivo; impersonal
Discurso	Menos denso Formal e informal	Más ajustado Neutral
Acción	Se centra en el sentido	Se centra en la forma
Orden de las palabras	SVO (y VSO)[10] Mayor flexibilidad	SVO (VSO restringido) Menor flexibilidad
Sintaxis	Frases más largas Tiende a subordinadas	Frases más cortas Tiende a coordinadas
Concordancia	Número y género	Número
Género	Más marcado	Menos marcado
«Que»/«That»	Debe expresarse	Se puede eliminar
Aliteración[11]	Uso menor	Uso mayor
Redundancia	Precisa más variación	Acepta la redundancia
Marcador social	Acento o dialecto	"Error" gramatical

Tabla 6.3 Comparación español-inglés: aspectos gramaticales

	Español	**Inglés**
Sintaxis	Mayor libertad sintáctica	Menor libertad sintáctica
Adjetivos	Los sustantivos no pueden ser adjetivos No se encadenan adjetivos	Los sustantivos pueden ser adjetivos Se encadenan adjetivos
Artículos	Más formas Menor uso[12]	Menos formas Mayor uso
Sustantivos	Mayor uso de diminutivos y aumentativos	Mayor uso de prefijos y sufijos
Pronombres personales	Opcional[13] Seis formas para *you*	Obligatorio[14] Una forma para *you*[15]
Adjetivos posesivos	Enfatizado o sin enfatizar Menor uso Mayor ambigüedad	Una posibilidad Mayor uso Menor ambigüedad
Preposiciones	23 aproximadamente	140 aproximadamente
Verbos	Dos verbos *ser* y *estar* Uso limitado de auxiliares Verbos de una sola palabra Más pasados Poco uso de progresivo	Un verbo *to be* Uso extensivo de auxiliares Verbos de varias palabras Menos pasados Progresivo frecuente
Número	Tiende al singular Tiende a cardinales	Tiende al plural Tiende a ordinales

Tabla 6.4 Comparación español-inglés: formato y mecánica

	Español	Inglés
Mayúsculas	Menor uso[16]	Mayor uso
	Minúscula después de dos puntos	Mayúscula después de dos puntos
Puntuación	Uso de guión para diálogos[17]	Diálogos con comillas
	El guión abre un diálogo y lo interrumpe; no lo cierra	Las comillas abren, cierran e interrumpen un diálogo
	Comas y puntos fuera de las marcas de diálogo	Comas y puntos dentro de las marcas de diálogo
	Menor funcionalidad de las comas	Mayor funcionalidad de las comas[18]
	Signos de exclamación e interrogación abren y cierran la oración	Signos de exclamación e interrogación cierran la oración
	Minúscula después de dos puntos	Mayúscula después de dos puntos
	La coma separa los decimales	El punto separa los decimales
Párrafos	Párrafos justificados	Párrafos no justificados
Contracciones	Obligatorias	Opcionales
Lomos de libros	De abajo a arriba	De arriba abajo

Tabla 6.5 Comparación español-inglés: medidas, distancias, pesos, temperatura y otras expresiones numéricas

Al traducir no es la norma emplear el equivalente exacto de una medida (p. ej.: *one yard* > 0,914 metros), excepto en textos científicos o tecnológicos. Los traductores pueden elegir tanto un equivalente domesticado (un metro) como uno más extranjerizado (una yarda). A continuación se muestran algunas de las posibles traducciones de medidas, distancias y pesos y números, tanto en su forma exacta como con opciones domesticadas o extranjerizadas. Esto depende, por supuesto, del lector meta. (La domesticación presentada en estos ejemplos sería en EE. UU., no en países de la Commonwealth que siguen fórmulas más europeas.)

Español	Inglés *exacto*	*Domesticación*	*Extranjerización*
1 kilómetro	0.621 miles	half a mile	1 kilometer
1 metro	1.093 yards	1 yard	1 meter
1 centímetro	0.394 inches	4 inches	1 centimeter
1 milímetro	0.0394 inches	fraction of an inch	1 millimeter
1 hectárea	1 hectare	1 acre	1 hectare
1 litro	2.1 pints / 1 quart	1 gallon	1 liter
1 kilo	2.205 lbs.	2 lbs.	1 kilo

Inglés	Español *exacto*	*Domesticación*	*Extranjerización*
1 mile	1,609 kilómetros	1 kilómetro	1 milla
1 yard	0,914 metros	1 metro	1 yarda
1 gallon	3,78 litros	4 litros	1 galón
1 pound	0,453 kilos	½ kilo (o 1 kilo)	1 libra
1 ounce	28,35 gramos	30 gramos	1 onza
98º Fahrenheit	36,67º centígrados	36,5º C	98º Fahrenheit

1. El uso de una mala ortografía para indicar una pronunciación no estándar se conoce como un dialecto visual, y se diferencia del malapropismo que se basa en el uso de palabras similares para crear a menudo una finalidad cómica (p. ej.: *cazar–casar*).

2. Una serie de onomatopeyas recientes en español derivan de los cómics ingleses donde los elementos visuales complementan la comprensión (por ejemplo, lo que solía ser ¡*pum!* ahora es ¡*bang!*).

3. Lunn y Lunsford (2003: 74), señalan la dificultad de traducir palabrotas a causa de los regionalismos, de la equivalencia y de la naturaleza popular que los data.

4. Los eufemismos varían de una región a otra, y las connotaciones de objetos cotidianos se pueden malinterpretar con facilidad (Child 1992: 66).

5. En la versión francesa, Tom Marvolo Riddle cambia radicalmente para dar lugar a Tom Elvis Jedusor y que pueda decir "Je suis Voldemort". Es interesante notar que incluso tratándose de una obra para jóvenes, la traducción al chino está plagada de notas al pie que explican las referencias culturales británicas.

6. Eliminación de nombres propios.

7. Estas traducciones literales son sospechosas ya que "wild" aquí significa "silvestres" y "cuckoo", "loco", no "astuto".

8. El chino es el idioma con mayor número de hablantes nativos, seguido del español.

9. Según Castro-Paniagua (2000: 28): «la cultura latina glorifica la emoción sobre la mente, la estética sobre lo pragmático».

10. Según Beeby (1996: 253), una forma de afrontar la inversión entre el sujeto y el verbo del español es empezar la frase con *that*.

11. En inglés abundan los juegos de palabras por el gran número de términos homófonos.

12. El articulo con el nombre propio (*La Juani*) se utiliza en ciertos sociolectos o dialectos y también puede considerarse despectivo. Sin embargo, este no es el caso del articulo con el apellido (*Los Fernández*).

13. En español, el uso excesivo de pronombres de sujeto se considera un anglicismo.

14. En *Rayuela*, Julio Cortázar hace uso desde el principio mismo de la novela de la ambigüedad que el castellano crea al no necesitar marcar el sujeto: «¿Encontraría a la Maga?» El misterio que surge de esta ambigüedad es imposible

en inglés «Would I find La Maga?» incluso en la traducción de Gregory Rabassa (Munday 2001: 97).

15. Dos, si se incluye la forma dialectal de *y'all.*

16. En los títulos en castellano, solamente se utilizan las mayúsculas para la primera palabra y los nombres propios; en inglés, son mayúsculas las primeras palabras de un título y todas las demás a excepción de las preposiciones y los artículos. En español, también van en mayúscula los nombres colectivos que funcionan como propios como *la Prensa* o *la Iglesia.* Debido a factores como la influencia del inglés o los ordenadores, el uso de mayúsculas en castellano se da cada vez con más frecuencia.

17. En español, las comillas se utilizan solamente para los pensamientos dialogados.

18. En inglés, la coma puede llegar a reemplazar la conjunción *and,* uso que se da con frecuencia en los titulares de los periódicos.

BIBLIOGRAFÍA

Aiu, Pua'ala'okalani D. "Language as an Indicator of Hawaiian Resistance and Power." En *Translation, Resistance, Activism*, editado por Maria Tymoczko, 87-107. Amherst: University of Massachusetts Press, 2010.

Aranda, Lucía. *Handbook of Spanish-English Translation*. Lanham: University Press of America, 2007.

----. "Does Translation Have an Agenda? Translations at the Intersection of Language and Power." *GSFT Journal of Law and Social Sciences*, vol. 2, no. 1 (2012): 173-176.

----. "Teaching Spanish-English Translation in Hawai'i." En *Current Trends in Translation Teaching and Learning*, editado por Mike Garant, 3-13. Helsinki: University of Helsinki, 2013.

Arnold, Doud J., Lorna Balkan, Siety Meijer, R. Lee Humphreys y Louisa Sadler. *Machine Translation: An Introductory Guide*. Cambridge, MA/Oxford: Blackwell, 1994.

Ashcroft, Bill, Gareth Griffiths y Helen Tiffin. *The Empire Writes Back: Theory and Practice in Postcolonial Literatures*. London/New York: Routledge, 1989.

Bacchilega, Cristina y Noelani Arista. "The *Arabian Nights* in the *Kuokoa*, a Nineteenth-Century Hawaiian Newspaper: Reflections on the Politics of Translation." En *The Arabian Nights in Transnational Perspectives*, editado por Ulrich Marzolph, 157-182. Detroit: Wayne State University Press, 2007.

Baker, Mona. "Corpus Linguistics and Translation Studies. Implications and Applications." En *Text and Technology: In Honour of John Sinclair*, editado por Mona Baker, Gill Frances y Elena Tognini-Bonelli, 233-250. Amsterdam: John Benjamins, 1993.

----, ed. *Encyclopedia of Translation Studies*. London/New York: Routledge, 2003.

Bassnett, Susan. *Translation Studies*. London/New York: Routledge, 2002.

Beeby Lonsdale, Allison. *Teaching Translation from Spanish to English. Worlds Beyond Words*. Ottawa: University of Ottawa Press, 1996.

Bell, Roger T. *Translation and Translating*. New York: Longman, 1991.

Bellos, David. *Is That a Fish in Your Ear? Translation and the Meaning of Everything*. New York: Faber and Faber, 2011.

Benjamin, Walter. "The Task of the Translator." Traducido por Harry Zohn. En *The Translation Studies Reader*, editado por Lawrence Venuti, 15-25. London/New York: Routledge, 2003.

Berman, Antoine. "Translation and the Trials of the Foreign." En *The Translation Studies Reader*, editado por Lawrence Venuti, 284-297. London/New York: Routledge, 2003.

Borges, Jorge Luis. "The translators of *The Thousand and One Nights*." Traducido por Esther Allen. En *The Translation Studies Reader*, editado por Venuti, 92-106. London/New York: Routledge, 2012.

Bosch Benítez, Amalia. "La traducción o adaptación de textos rimados en cuentos tradicionales y literarios en Ursula K. Le Guin *El viaje de Salomón*." En *Traducción y literatura infantil*, editado por Isabel Febles, Elisa Ramón Molina, Ángeles Perera Santana, y Gisela Marcelo Wirnitzer, 133-143. Universidad de Las Palmas de Gran Canaria: Ediciones ULPGC, 2002.

Bureau of Labor Statistics, U.S. Department of Labor. *Occupational Outlook Handbook*. http://www.bls.gov/ooh/media-and-communication/interpreters-and-translators.htm, 2014.

Castro Paniagua, Francisco. *English-Spanish Translation, through a Cross-Cultural Interpretation Approach*. Lanham: University Press of America, 2000.

Catford, John C. *A Linguistic Theory of Translation*. London: Oxford University Press, 1965.

Chamberlain, Lori. "Gender and the Metaphorics of Translation." *Signs*, vol. 13, no. 3 (1988): 454-472.

Cheung, Martha P. Y. "To 'Translate' Means to 'Exchange'?" *Target*, vol. 17, no. 1 (2005): 27-48.

Cheyfitz, Eric. *The Poetics of Imperialism: Translation and Colonization from the Tempest to Tarzan*. New York/Oxford: Oxford University Press, 1991.

Child, Jack. *Introduction to Spanish Translation*. Lanham: University Press of America, 1992.

Cicerón, Marco Tulio. "De optimo genere oratorum." Traducido por H. M. Hubbell. En *De Inventione, De Optimo Genere, Oratorum, Topica*, 1-348. Cambridge: Harvard University Press, 1976.

Cisneros, Sandra. *Caramelo*. Traducido por Liliana Valenzuela. Waterville, ME: Thorndike Press, 2003.

Cook, Guy. *Translation in Language Teaching*. Oxford: Oxford University Press, 2010.

Cordero, Anne. "The role of translation in second language acquisition." *The French Review*, vol. 57, no. 3 (1984): 350-355.

Court Interpreters Act. 28 U.S. Code § 1827, 1978.

Craig, Ian Stuart y Jairo Sánchez. *A Translation Manual for the Caribbean (English-Spanish)*. Kingston, Jamaica: University of the West Indies Press, 2007.

Cronin, Michael. *Translating Ireland*. Cork: Cork University Press, 1996.

Danytė, Milda. "Translation and Other Transcultural Acts: Resistance to Language Imperialism in the Age of English." *Otherness: Essays and Studies*, vol. 3, no. 1 (2012): 1-13.

Davis, Dick. "FitzGerald, Edward." *Encyclopedia Iranica*, vol. x, fasc. 1 (2012): 8-12.

Diaz del Castillo, Bernal. *Historia verdadera de la conquista de la Nueva España*. Madrid: Espasa Calpe, 1942.

Diaz Cintas, Jorge. *Teoría y práctica de la subtitulación. Inglés-Español*. Barcelona: Ariel, 2003.

Diccionario de la lengua española. *Real Academia Española*. http://www.rae.es/

Dolet, Étienne. "How to Translate Well from One Language into Another." Traducido por D. G. Ross. En *Western Translation Theory from Herodotus to Nietzsche*, editado por Douglas Robinson, 95-96. Manchester: St. Jerome, 1997.

Dryden, John." Preface to *Ovid's Epistles*." En *Essays of John Dryden*, editado por William P. Ker. New York: Russell, 1961.

Duff, Alan. *The Third Language*. New York: Pergamon Press, 1981.

----. *Translation*. Oxford: Oxford University Press, 1989.

Eades, Diana. "The Participation of Second Language and Second Dialect Speakers in the Legal System." *Annual Review of Applied Linguistics* 23 (2003): 113-133.

El Kiri, Lahcen. "Problemática de los nombres propios en traducción: ¿Cómo se puede proceder?" *Mundiario*, October 4, 2013. http://www.mundiario.com/articulo/sociedad/problematica-nombres-propios-traduccion-puede-proceder/20131003011747010985.html.

Even-Zohan, Itamar. "The Position of Translated Literature within the Literary Polysystem." *Poetics Today*, vol. 11, no. 1 (1990): 45-51.

Fawcett, Peter. "Linguistic Approaches." En *Routledge Encyclopedia of Translation Studies*, editado por Mona Baker, 120-125. London/New York: Routledge, 2003.

Fédération Internationale des Traducteurs (FIT). "The Translator's Charter." FIT, 1994. http://www.fit-ift.org.

Federici, Federico, "Introduction." En *Translating Dialects and Languages of Minorities. Challenges and Solutions*, editado por Federico Federici, 1-20. New York: Peter Lang, 2011.

Fenton, Sabine y Paul Moon. "The Translation of the Treaty of Waitnagi: A Case of Disempowerment." En *Translation and Power*, editado por Maria Tymoczko y Edwin Gentzler, 25-44. Amherst/Boston: University of Massachusetts Press, 2002.

Ferrer Simó, Maria Rosario. "Fansubs y scanlations: la influencia del aficionado." *Puentes*, no. 6 (2005): 27-45.

Flerov, Cyril. "On Comintern and Hush-a-Phone: Early History of Simultaneous Interpretation Equipment." AIIC, 2013. http://aiic.net/page/6625/early-history-of-simultaneous-interpretation-equipment/lang/1

Flowtow, Luise. *Translation and Gender: Translating in the 'Era of Feminism'*. Manchaster: St. Jerome, 1997.

García, Adolfo. "Brain Activity during Translation: A Review of the Neuroimaging Evidence as a Testing Ground for Clinically-based Hypotheses." *Journal of Neurolinguistics*, vol. 26, no. 3 (2013): 370–383.

García Yebra, Valentin. *Teoría y práctica de la traducción*. Madrid: Editorial Gredos, 1984.

Gentzler, Edwin. *Translation and Identity in the Americas*. London: Routledge, 2008.

Gouadec, Daniel. "Traduction Signalétique." *Meta*, vol. 35, no. 22 (1989): 332-341.

Gregory, Michael. "Perspectives on Translation from the Firthian Tradition." *Meta*, vol. 25, no. 4 (1980): 455-66.

Gresset, Michel y Patrick Samway. *Faulkner and Idealism: Perspectives from Paris.* University Press of Mississippi, 1983.

Gupta, Prasenjit. "Post- or Neo-Colonial Translation? Linguistic Inequality and Translator's Resistance." *Translation and Literature*, vol. 7, no. 2 (1998): 170-193.

Halliday, Michael. *Language as Social Semiotic.* New York: Arnold, 1978.

Harris, Brian. "Bi-Text, a New Concept in Translation Theory." *Language Monthly*, no. 54 (1988): 8-10.

Hatim, Basil y Ian Mason. *Discourse and the Translator.* New York: Longman, 1990.

Hermans, Theo. *The Manipulation of Literature.* London: Croon Helm, 1985.

Heródoto. *Histories.* Traducido por George Campbell Macaulay. Project Gutenberg, 1914.

Hervey, Sándor, Ian Higgins y Louise M. Haywood. *Thinking Spanish Translation. A Course in Translation Method: Spanish to English.* London/New York: Routledge, 2001.

Holmes, James. "The Name and Nature of Translation Studies." En *The Translation Studies Reader*, editado por Lawrence Venuti, 172-185. London/New York: Routledge, 2003.

Horacio, Quinto. "Ars Poetica"/"The Art of Poetry." Traducido por E. C. Wickham. En *Critical Theory Since Plato*, editado por Hazard Adams, 68-75. New York: Harcourt Brace Jovanovich, 1971.

House, Juliane. *A Model for Translation Quality Assessment*, Tübingen: Gunter Narr, 1977.

Hyun, Theresa. "Translating Nationalist Poetics in the Colonial Period in Korea." En *Asian Translation Traditions*, editado por Eva Hung y Judy Wakabayashi, 155-168. Manchester, UK: St Jerome, 2005.

Jackobson, Roman. "On Linguistic Aspects of Translation." En *Theories of Translation. An Anthology of Essays from Dryden to Derrida*, editado por Hans Schulte y John Biguenet, 144-151. Chicago: The University of Chicago Press, 1992.

Jedanski, Doris. "Translation in the Malay World. Different Communities, Different Agendas." En *Asian Translation Traditions*, editado por Eva Hung y Judy Wakabayashi, 211-256. Manchester, UK: St Jerome, 2005.

Jiménez Ivars, Amparo y Amparo Hurtado Albir. "Variedades de traducción a la vista. Definición y clasificación." *Trans*, vol. 7 (2003): 47-57.

Klaudy, Kinga y Krisztina Károly. "Implicitation in Translation: Empirical Evidence for Operational Asymmetry in Translation." *Across Languages and Cultures*, vol. 6, no. 1 (2005): 13-28.

Koller, Werner. "Equivalence in Translation Theory." Traducido por Andrew Chesterman. En *Readings in Translation Theory*, editado por Andrew Chesterman, 99-104. Helsinki: Oy Finn Lectura Ab., 1989.

Kothari, Rita. "The fiction of translation." En *Decentering Translation Studies. India and Beyond*, editado por Judy Wakabayashi y Rita Kothari, 263-274. Amsterdam/Philadephia: John Benjamins, 2009.

Kothari, Rita y Judy Wakabayashi. "Introduction." En *Decentering Translation Studies. India and Beyond*, editado por Judy Wakabayashi y Rita Kothari, 1-16. Amsterdam/Philadelphia: John Benjamins, 2009.

Krashen, Stephen. *Principles and Practice in Second Language Acquisition*. Oxford/New York: Pergamon Press, 1982/2009.

Kruger, Alet. "Translation, self-translation and *apartheid*-imposed conflict." *Journal of Language and Politics*, vol. 11, no. 2 (2012): 273-292.

Kutzinski, Vera M. "Fearful Asymmetries: Langston Hughes, Nicolás Guillén, and *Cuba Libre*." *Diacritics*, vol. 34, no. 3-4 (2004): 112-42.

Lane, Edward. *Arabian Nights' Entertainment*. London: Charles Night and Co., 1839.

Larson, Mildred L. *Meaning-Based Translation. A Guide to Cross-Language Equivalence*. Lanham: University Press of America, 1998.

Lefevere, André. *Translation, Rewriting, and the Manipulation of Literary Fame*. London/New York: Routledge, 1992.

Lembersky, Gennadi, Noam Ordan y Shuly Wintner. "Adapting Translation Models to Translationese Improves SMT." En *Proceedings of the 13th Conference of the European Chapter of the Association for Computational Linguistics, Association for Computational Linguistics*, 255-265, 2012. http://www.mt-archive.info/EACL-2012-Lembersky.pdf

Levine, Suzanne Jill. *The Subversive Scribe. Translating Latin American Fiction*. Saint Paul: Graywolf Press, 1991.

Lewis, Philip E. "The Measure of Translation Effects." En *Difference in Translation*, editado por Joseph F. Graham, 31-62. Ithaca: Cornell University Press, 1985.

LISA. *The Localization Industry Primer*, 2003. http://www.dynamiclanguage.com/home14/wp-content/uploads/2014/07/LISA-Globalization-Primer.pdf

López, Victoria. "Posibilidades y realidades de la Traducción Automática." *La linterna del traductor*, no. 3, 2002. http://traduccion.rediris.es/3/tr_au.htm

López Guix, Juan Gabriel. "*Alicia en el país de las maravillas* en España y Argentina: una comparación de traductores." En *Actas del II Coloquio Internacional «Escritores de la Traducción Hispánica» San Carlos de Bariloche, 5-7 noviembre 2010*, editado por Albert Freixa y Juan Gabriel López Guix, 161-192, 2011. http://www.traduccionliteraria.org/coloquio2/actas/LopezGuix.pdf.

López Guix, Juan Gabriel y Jacqueline Minett Wilkinson. *Manual de traducción ingles/castellano. Teoría y práctica.* Barcelona: Gedisa, 2003.

Lunn, Patricia V. y Ernest Lunsford. *En otras palabras. Perfeccionamiento del español por medio de la traducción.* Washington D.C.: Georgetown University Press, 2003.

Macdonald, Moira. "'Kon-Tiki' Shot Twice–in Two Languages." *The Seattle Times.* April 16, 2013. http://blog.seattletimes.com/popcornandprejudice/2013/04/16/kon-tiki-shot-twice-in-two-languages/.

Manella, Concepción. 2000. "A Brotherhood of Voices: William Faulkner's *Absalom, Absalom!*" En *William Faulkner in Venice*, editado por Rosella Mamoli y Pia Masiero. Venezia: Marsilio Editori, 2000.

MLA Ad Hoc Committee on Foreign Languages. "Foreign Languages and Higher Education: New Structures for a Changed World." 2007. http://www.mla.org/flreport.

Moner, Michael. "Cervantes y la traducción." *Nueva Revista de Filología Hispánica*, vol. 38, no. 2 (1990): 513-524.

Munday, Jeremy. *Introducing Translation Studies. Theories and Applications.* London/New York: Routledge, 2001.

Newmark, Peter. *Approaches to Translation.* Oxford: Pergamon Institute of English, 1982.

----. *A Textbook of Translation*. New York: Prentice Hall, 1988.

----. *About Translation*. Multilingual Matters, Ltd., 1991.

Nida, Eugene. *Toward a Science of Translation*. Leiden: E. J. Brill, 1964.

----. "Principles of Translation as Exemplified by Bible Translating." En *On Translation*, editado por Reuben A. Bower, 11-31. New York: Oxford University Press, 1966.

Nida, Eugene A. y Charles R. Taber. *The Theory and Practice of Translation*. Leiden: E.I. Brill, 1969.

Niranjana, Tejaswini. *Siting Translation. History, Post-structuralism, and the Colonial Context*. Berkeley: University of California Press, 1992.

Nolan, James. *Interpretation. Techniques and Exercises*. Clevedon: Multilingual Matters, Ltd., 2005.

Nord, Christiane. "El error en la traducción: categorías y evaluación." En *La enseñaza de la traducción*, editado por Amparo Hurtado Albir, 91-108. Castelló: Universitat Jaune I, 1996.

Ochoa, Ignacio y Federico López Socasua. *From Lost to the River –Perdidos al río–*. Madrid: Temas de hoy, 2003.

Palacios González, Manuela. "The Gender of Translation. Irish Poetry in Galician." *Babel*, vol. 54, no. 3 (2008): 268-280.

Pandya, Chhandasi, Jeanne Batalova y Margie McHugh. "Limited English Proficient Individuals in the United States: Number, Share, Growth, and Linguistic Diversity." Washington, DC: Migration Policy Institute, 2011.

Paz, Octavio. *Traducción, literatura y literalidad*. Barcelona: Tusquets Editor, 1971. http://www.cervantesvirtual.com/obra/traduccion-literatura-y-literalidad/

Pellatt, Valerie. "Introduction". En *Text, Extratext, Metatext and Paratext in Translation*, editado por Valerie Pellatt, 1-6. Cambridge: Cambridge Scholars, 2013.

Pérez Firmat, Gustavo. *Tongue Ties. Logo-Eroticism in Anglo-Hispanic Literature*. New York: Palgrave Macmillan, 2003.

Pérez Guarnieri, Verónica Fabiana. "La traducción a primera vista: el primer paso en el camino de la interpretación simultánea." AAIC, 2010. http://aiic.net/page/3856/la-traduccion-a-primera-vista-el-primer-paso-en-el-camino-de-la-interpretacion-simultanea/lang/39.

Pérez Reverte, Arturo. *El maestro de esgrima*. Barcelona: Mondadori, 1988.

----. *The Fencing Master*. Traducido por Margaret Jull Costa. San Diego: Harcourt Books, 1998.

Popovic, Anton. "The Concept 'Shift of Expression' in Translation Analysis." En *The Nature of Translation. Essays of the Theory and Practice of Literary Translation*, editado por James Holmes, Frans de Haan y Anton Popovic, 78-89. The Hague: Mouton, 1970.

Pym, Anthony. *Exploring Translation Theories*. London/New York: Routledege, 2010.

Rabassa, Gregory. "No Two Snowflakes Are Alike." En *The Craft of Translation*, editado por John Biguenet y Rainer Schulte, 1-12. Chicago: The University of Chicago Press, 1989.

Ramakrishnan, E. V. "Translation as Resistance. The Role of Translation in the Making of Malayalam Literary Tradition." En *Decentering Translation Studies. India and Beyond*, editado por Judy Wakabayashi y Rita Kothari, 1-16. Amsterdam/Philadelphia: John Benjamins, 2009.

Reiss, Katharina. "Text Types, Translation Types and Translation Assessment." En *Readings in Translation Theory*, editado por Andrew Chesterman, 105-115. Helsinki: Oy Finn Lectura Ab., 1989.

Reiss, Katharina y Hans Vermeer. *Grundlegung einer allgemeinen Translationstheorie*, Tübingen: Niemeyer. 1984.

Rinne, J.O., et al. "The Translating Brain: Cerebral Activation Patterns during Simultaneous Interpreting." *Neuroscience Letters* 294 (2000): 85-88.

Risset, Jacqueline. "Joyce Translates Joyce." En *Comparative Criticism, Translation in Theory and Practice*, vol. 6, editado por E. S. Shaffer, 3-22. Cambridge: Cambridge University Press, 1984.

Robinson, Douglas. *Becoming a Translator*. London/New York: Routledge, 2000.

----. "Paraphrase." En *Encyclopedia of Translation Studies*, editado por Mona Baker, 166-167. London/New York: Routledge, 2003.

Rubiera Mata, Mª Jesús. "Traducción como creación literaria: *Las mil y una noches* de Galland y Mardrus." En *Aproximaciones diversas al texto literario*, editado por Jerónimo Martinez, Concepción Palacios y Alfonso Saura, 525-528. Murcia, Universidad de Murcia, 1996.

Sales Salvador, Dora. *Puentes sobre el mundo: cultura, traducción y forma literaria en las narrativas de transculturación de José María Arguedas y Vikram Chandra. Perspectivas hispánicas*. Bern: Peter Lang SA, 2004.

Santoyo, Julio César. *El delito de traducir*. León: Universidad de León, 1996.

Sawant, Datta G. "Preservation of Endangered Languages through Translation." *Literary Explorations 94*, vol. 1, no. 2 (2013): 94-98.

Sayers Peden, Margaret. "Building a Translation, the Reconstruction Business: Poem 145 of Sor Juana Inés de la Cruz." En *The Craft of Translation*, editado por John Biguenet y Rainer Schulte, 13-27. Chicago: The University of Chicago Press, 1989.

Schleiermacher, Friedrich. "On the Different Methods of Translating." Traducido por Waltraud Bartscht. En *Theories of Translation. An Anthology of Essays from Dryden to Derrida*, editado por Hans Schulte y John Biguenet, 36-54. Chicago: The University of Chicago Press, 1992.

Shuttleworth, Mark y Moira Cowie. *Dictionary of Translation Studies*. Manchester, UK: St Jerome Publishing, 1997.

Simon, Sherry. *Gender in Translation. Cultural Identity and the Politics of Transmission*. London/New York: Routledge, 1996.

Soliverdi, Diana. "Lenguas, trujamanes y traductores. Los olvidados intérpretes." *Sociedad Geográfica Española*, vol. 44 (2013): 76-87.

Spivak, Gayatri. "Translating into English." En *Nation, Language, and the Ethics of Translation*, editado por Susan Bermann y Michael Wood, 93-110. Princeton: Princeton University Press, 2005.

----. "The Politics of Translation." En *The Translation Studies Reader*, editado por Lawrence Venuti, 312-330. London/New York: Routledge, 2012.

Staten, Henry. "Tracking the "Native Informant": Cultural Translation as the Horizon of Literary Translation." En *Nation, Language, and the Ethics of Translation*, editado por Susan Bermann y Michael Wood, 111-126. Princeton: Princeton University Press, 2005.

Stavans, Ilan. "Serving Two Masters: The House on the Lagoon." *The Nation*, (1995): 640-643.

Steiner, George. *After Babel*. New York: Oxford University Press, 1975.

Stoitchkov, Rossen. "How to Use Translation in the Language Classroom." BETA-Bulgarian English Teachers' Association, 2006. http://www.beta-iatefl.org/1202/blog-publications/how-to-use-translation-in-the-language-classroom/.

Sturge, Kate. *Representing Others: Translation, Ethnography and Museum*. London/New York: Routledge, 2014.

Thierry, Guillaume y Yan Jing Wu. "Brain Potentials Reveal Unconscious Translation during Foreign Language Comprehension." *PNAS*, vol. 104, no. 30 (2007): 12530-12535.

Toury, Gideon. *Descriptive Translation Studies and Beyond*. Amsterdam: John Benjamins, 1995.

Tymoczko, Maria. *Translation in a Postcolonial Context: Early Irish Literature in English Translation*. Manchester: St. Jerome, 1999.

Tytler, Alexander. *Essay on the Principles of Translation*. Amsterdam: John Benjamins, 1978.

Valero Garcés, Carmen. *Languages in Contact. An Introductory Textbook on Translation/Manual introductorio a la traducción*. Lanham: University Press of America, 1995.

Vázquez, Pilar. "Lista al editor." Comunicación personal, 2014.

Vázquez Ayora, Gerardo. *Introducción a la traductología*. Washington, D.C.: Georgetown University Press, 1977.

Vennewitz, Leila. "Translator and Author: Some Relationships." En *The Art of Literary Translation*, editado por Hans Schulte y Gerhart Teuscher, 85-102. Lanham: University Press of America, 1993.

Venuti, Lawrence. *The Translator's Invisibility. A History of Translation*. London/New York: Routledge, 1995.

----. *The Scandals of Translation. Towards an Ethics of Difference*. London/New York: Routledge, 1998.

----. "Local contingencies: Translation and National Identities." En *Nation, Language, and the Ethics of Translation*, editado por Susan Bermann y Michael Wood, 177-202. Princeton: Princeton University Press, 2005.

Vermeer, Hans. "Ein Rahmen für eine allgemeine Translationstheorie." *Lebende Sprachen*, 23 (1978): 99-102.

Vinay, Jean Paul y Jean Darbelnet. *Comparative Stylistics of French and English: A Methodology for Translation*. Traducido por Juan C. Sager y M.J. Hamel. Amsterdam/Philadelphia: John Benjamins, 1995.

Wakabayashi, Judy. "Translation in the East Asian Cultural Sphere. Shared Roots, Divergent Paths?" En *Asian Translation Traditions*, editado por Eva Hung y Judy Wakabayashi, 17-66. Manchester: St. Jerome, 2005.

Williams, Carolyn D. *Pope, Homer, and Manliness: Some Aspects of Eighteenth-Century Classical Learning*. London/New York: Routledge, 1993.

Wilss, Wolfram. "Decision Making in Translation." En *Routledge Encyclopedia of Translation Studies*, editado por Mona Baker, 57-60. London/New York: Routledge, 2003.

Yifeng, Sun. "Opening the Cultural Mind: Translation and the Modern Chinese Literary Canon." *Modern Language Quarterly*, vol. 69, no. 1 (2008): 161-174.

Yoshihiro, Ohsawa. "Translations as a Means of Introducing European Literary Techniques to Modern Japan." En *Asian Translation Traditions*, editado por Eva Hung y Judy Wakabayashi, 135-154. Manchester, UK: St Jerome, 2005.

----. "Censorship in Translation. Political Correctness in Hugh Lofting's *The Story of Doctor Doolittle* and Yoshimoto Banana's *Kitchen.*" *Yearbook of Comparative and General Literature*, vol. 54 (2008): 34-43.

Yoshimoto, Banana. *Kitchen*. Traducido por Megan Backus. New York: Pocket Books, 1993.

Zaro, Juan Jesús y Michael Trumann. *Manual de Traducción/A Manual of Translation*. Madrid: SGEL, 1999.

Zhang, Weihe. "An Overview of Translation in China: Practice and Theory." *Translation Journal*, vol. 7, no. 2, (2003). http://translationjournal.net/journal/24china.htm.

ÍNDICE